W0075807

ullstein

Das Buch

Heiner Geißler hörte durch seine Großmutter zum ersten Mal etwas von Luther. Jetzt schreibt er dieses Buch, um den Mann kennenzulernen, der die Welt verändert hatte. Er entdeckt Luther als einen der ganz Großen der Geschichte – nicht nur im Guten, sondern auch im Schlechten. Der Herausforderer des Papsttums, der große Reformator – mit einer falschen Lehre?

War Luther ein Pazifist oder ein Opportunist? Woher seine Polemik, ja sogar sein Hass auf Bauern, Wiedertäufer und Juden? Heiner Geißler schildert, wie Luther mit seiner Lehre Teile der katholischen Theologie zerstörte. Er geht der Frage nach, ob die lutherische Theologie, wie Max Weber meint, mit dem Kapitalismus zusammenhängt. Er zeigt, was in beiden Kirchen noch geschehen muss, wenn das Reformationsjubiläum 2017 nicht misslingen soll. Eine Voraussetzung ist, dass bis dahin die zentrale Aussage der Reformation zur Rechtfertigungslehre revidiert wird. Und er stellt die Frage: Wie weit darf die Uneinsichtigkeit von Theologen und Kirchenführern noch gehen, mit der die Spaltung der Kirchen aufrechterhalten wird?

Der Autor

Dr. Heiner Geißler, geboren 1930, war 25 Jahre lang Mitglied des Deutschen Bundestages, Landesminister, Bundesminister, Schlichter von Stuttgart 21 und gilt als einer der besten politischen Redner der Bundesrepublik. Er ist Autor zahlreicher Bestseller, u. a. von *Sapere aude!*

Heiner Geißler

Was müsste Luther heute sagen?

Ullstein

Besuchen Sie uns im Internet:
www.ullstein-taschenbuch.de

Ungekürzte Ausgabe im Ullstein Taschenbuch
1. Auflage Dezember 2016
© Ullstein Buchverlage GmbH, Berlin 2015 / Ullstein Verlag
Umschlaggestaltung: zero-media.net, München
Titelabbildung: getty images/imagno
Lektorat: Julia Kühn
Satz: Pinkuin Satz und Datentechnik, Berlin
Gesetzt aus der Garamond
Druck und Bindearbeiten: CPI books GmbH, Leck
Printed in Germany
ISBN 978-3-548-37679-0

Inhalt

Kapitel III
Gott, Pest und Polio

Kapitel IV
Die Alternative

Kapitel V
Von der theologischen Reform
zur politischen Revolution

Kapitel VI
Luther und die Frauen

Kapitel VII
Der kompromisslose Luther

Kapitel VIII
Luther, Papst und Juden

Kapitel IX
2017: Einheit nach 500 Jahren?

Kapitel I

Von der Großmutter über Luther zu den Jesuiten

Erste Berührungen mit dem deutschen Protestantismus – Luther und die Bundestagswahlen – Die Großmutter – Erfahrungen mit Nazis – Grausam wie die Henker – Kajetan und Judith Holz – Bei den Jesuiten

Erste Berührungen mit dem deutschen Protestantismus

Im Laufe meines bisherigen Lebens bekam ich eine umfassende, aber nicht gerade theologisch vertiefte, positive Vorstellung vom deutschen Protestantismus, aber ich hatte mein Leben lang kein festes Bild von Luther, er war mir irgendwie fremd geblieben. Ich bin katholisch, war Jesuitenschüler, hatte an der Philosophischen Hochschule der Gesellschaft Jesu scholastische Philosophie studiert, die dreißigtägigen Exerzitien des Ignatius von Loyola hinter mich gebracht, während meines Jurastudiums nichts mehr von Luther gehört und mich als Landes- und Bundesminister der CDU, also einer politischen Union von evangelischen und katholischen Christen, in erster Linie für die politischen Überzeugungen der deutschen Protestanten interessiert. Dabei spielte Luther ebenso wenig eine Rolle wie auf den etwa 15 evangelischen Kirchentagen, die ich besucht und auf denen ich geredet hatte. Ich kam in enge Berührung mit dem deutschen Protestantismus, war drei Jahre Leiter des politischen Clubs der Evangelischen Akademie Tutzing, war beeindruckt von protestantischen Gestalten wie Bischof Hanns Lilje, Prälat Hermann Kunst, Eugen Gerstenmaier, Richard von Weizsäcker, Ernst Albrecht, vor allem von Dietrich Bonhoeffer, Martin Niemöller, Karl Barth, Friedrich von Bodelschwingh und von der großen Diakonieanstalt Bethel, von der evangelischen Diakonie überhaupt, und war gleichermaßen erstaunt über den preußischen Wilhelminismus, Bismarcks Kulturkampf und die Kollaboration von so vielen Evangelischen mit den Nazis. Doch das Evangelische interessierte mich von Anfang an. Die theologischen Differenzen waren mir klar, aber ich entdeckte in vielen Diskussionen etwa mit Richard von Weizsäcker, Ernst Albrecht oder Wolfgang Schäuble auch Unterschiede protestantischen und katholischen Denkens in der Politik. Hing das möglicherweise mit Luther zusammen? Wie war zu erklären, dass sozusagen geopolitisch in den Anfängen der Bundesrepublik in überwiegend katholischen Gegenden die CDU immer besser gewählt wurde als die SPD, während es in den evangelischen umgekehrt war?

An den Inhalten allein konnte es nicht liegen, von leidigen bildungspolitischen Fragen wie Konfessionsschulen und Religionsunterricht einmal abgesehen, die ja auch in der Union umstritten waren. Der Widerstand des katholischen Zentrums im Kulturkampf Ende des vorletzten Jahrhunderts gegen Bismarck und das evangelische Kaiserhaus spielten sicher eine Rolle. Auch waren die Evangelischen offensichtlich gesamtdeutscher als die Katholiken, die sich im katholisch geprägten Europa der romanischen Länder Frankreich, Italien und Spanien wohler fühlten, während in der DDR, damals Sowjetische Besatzungszone, Katholiken nur rudimentär, Evangelische dagegen massenweise vorhanden waren. Dass diese heute in der absoluten Minderheit gegenüber den Nichtgetauften sind, war am Anfang der Republik nicht absehbar. Sie waren aber geistig immerhin so mächtig

11

geblieben, dass sie zu Trägern der friedlichen Revolution in Ostdeutschland werden konnten.

Luther und die Bundestagswahlen

Um ein Beispiel zu bringen: Bis zur Bundestagswahl 1965 hatte die SPD in dem protestantischen Gürtel um Stuttgart herum – Böblingen, Nürtingen, Esslingen, Leonberg, Reutlingen, Tübingen, Nagold, Calw – immer eine klare Mehrheit. Ab 1965 war dies plötzlich anders. Ich hatte die Tollkühnheit, in Tübingen, einer Hochburg des württembergischen Protestantismus, und in der alten reformatorischen Reichsstadt Reutlingen für den Bundestag zu kandidieren. Im Wahlkampf schaltete die SPD, unterstützt von Walter Jens, mit dem ich mich später gut verstand, folgende Anzeige: »Heiner Geißler, katholisch aus Oberndorf am Neckar, will bei uns Abgeordneter werden. Das gilt es zu verhindern.« Offenbar hielt die SPD diese Konfessionalisierung für einen Wahlkampfhit, der mich so beeindruckte, dass ich mich nicht schämte, in einer Gegenanzeige auf meine evangelisch getaufte Frau hinzuweisen. Am Wahlabend hatte ich einen für damalige Verhältnisse phänomenalen Vorsprung von 16 000 Stimmen und war zum Erstaunen des »Reutlinger Generalanzeigers« und des »Schwäbischen Tagblatts« in Tübingen direkt gewählter Bundestagsabgeordneter in Reutlingen und Tübingen. Am nächsten Tag zeigte sich, dass dieses Wahlergebnis nicht nur Folge meines Canvassings und meiner vielen Hundert Hausbesuche sein konnte, denn jenes protestantische, bisher SPD-orientierte Stuttgarter Umfeld hatte ebenfalls mehrheitlich CDU gewählt. Der Grund war klar: Die CDU hatte einen ausgewiesenen Protestanten als Kanzler und Kanzlerkandidat zu bieten, Ludwig Erhard, der eigentlich gar kein richtiges CDU-Mitglied war, weil er seit 1949 keine Beiträge gezahlt hatte. Doch der Bann war gebrochen, das politische Misstrauen gegen die Katholiken geschwunden. Aber noch bis in die 80er Jahre waren ganz offensichtlich die Mehrheitsverhältnisse in der damaligen Bundesrepublik Deutschland abhängig von der konfessionellen Landkarte, wie sie nach der Reformation entstanden war. In meinem späteren Wahlkreis, der Südpfalz, war dasselbe Phänomen erkennbar, dass nämlich in Gemeinden, die gerade mal zwei Kilometer auseinander lagen, je nach Konfession die CDU oder die SPD die Mehrheit hatte. Das hat sich allerdings vollkommen verändert.

Die Großmutter

Ich schreibe jetzt dieses Buch, weil ich den Mann kennenlernen will, dessen Ideen und Wirken bis heute Wahlergebnisse beeinflussen, dessen Werke 120 Bände mit Zehntausenden Seiten umfassen, über den schon Tausende dicke Bücher mit theologischen Inhalten, die kein normaler Mensch begreifen kann, geschrieben wurden. Könnte man Luther so darstellen, dass auch Nichttheologen, auch Katholiken oder Muslime ihn verstehen? Und könnte man herausfinden, was er wohl heute sagen würde? Er muss ein ganz Großer gewesen sein, ob ein Guter oder Schlechter – wir werden sehen.

Schon als Kind musste ich mir ein Bild machen. Genauer gesagt: Andere malten mir ein Bild an die Wand, das für mich schauerlich und voller Geheimnisse war. Ab dem siebten Lebensjahr war ich jeden Sommer in den Ferien bei meinen Großeltern im schon genannten Oberndorf am Neckar und besuchte morgens mit meiner Großmutter Theresia die katholische Messe in der Stadtpfarrkirche St. Michael, die wie eine dicke Glucke mit den Erzengeln Michael, Raphael und Gabriel in den imposanten Seitenfenstern die Mitte der Stadt belegte. Später wurde ich Ministrant und diente vorn am Altar. So lernte ich auch den ehrfurchtgebietenden Stadtpfarrer Gruber kennen, dem ich einmal in der Woche ein Kuvert meiner Großmutter überbrachte. Jedes Mal schenkte er mir ein Bildchen vom hl. Michael mit einem Gebet wie z.B.: »Hl. Schutzengel mein, lass mich Dir empfohlen sein, Deine Gnad und Jesu Blut machen allen Schaden gut.« Darunter stand: 100 Tage Ablass. Manchmal gab es ein Bildchen mit 500 Tagen Ablass. Ich sollte es – so der Pfarrer – meiner Großmutter geben. Eines Tages war das Kuvert nicht verschlossen, und da ich schon immer wissen wollte, was drin war, machte ich es auf und entdeckte einen 20-Reichsmark-Schein. Ich fragte die Großmutter, als ich den hl. Michael bei

ihr ablieferte: »Großmutter, gibst du dem Herrn Pfarrer
Geld?« – »Pst«, antwortete sie, »der Großvater darf das
nicht wissen. Ich bekomme dafür doch einen Ablass.«
»Was ist das, ein Ablass?«, wollte ich wissen. »Ich muss
dafür 100 Tage weniger im Fegefeuer sein, wenn ich tot
bin«, war die Antwort. Ich wusste natürlich als Ministrant, dass es neben Himmel und Hölle auch noch ein
Fegefeuer gibt, in dem man seine Sünden angeblich ab-
büßen kann. Konsequenterweise fragte ich: »Kann ich
auch so einen Ablass bekommen?« – »Das brauchst du
nicht«, wurde mir beschieden, »du begehst ja noch keine
Sünden.« Frech, wie ich war, wollte ich fragen, um welche Sünden es sich denn bei der Großmutter handele,
biss mir aber auf die Zunge, weil ich mich dann doch
nicht traute, so dass diese interessante Frage leider bis zu
ihrem Tode unbeantwortet blieb.

In unserer Straße, der Mauserstraße, benannt nach dem
Waffenfabrikanten Mauser, dessen riesige Fabrik unten
das ganze Tal ausfüllte, lebten noch andere Kinder. Es
waren meine Spielkameraden, unter denen es aber keine Ministranten gab, denn sie waren evangelisch. Ich
musste ihnen immer die lateinischen Gebete aufsagen,
vom »Confiteor« bis zum »Suscipiat« und »Agnus Dei«.
Einmal gab es eine Rauferei, weil ich beim Aufsagen des
»Suscipiat«, des schwierigsten Ministrantengebetes, stecken blieb und die anderen mich auslachten. Daraufhin wurde ich von Großmutter belehrt, ich solle zu den
Kindern anständig sein, das seien gute Kinder – was ich

ja längst wusste – und gute Familien, deren Väter im Krieg waren, nur leider evangelisch, und sie fügte hinzu: »wenn es nur diesen Luther nicht gegeben hätte«. Dasselbe sagte der Stadtpfarrer, weil er sich ärgerte, dass die evangelische Kirche mit ihrem markanten weißen Turm oben am Berg gebaut war und auf die katholische Kirche herunterschaute: »Wenn es diesen Luther nicht gegeben hätte, bräuchte man nur eine Kirche«, und er nannte noch einen Namen, den ich aber nicht richtig verstand, so ähnlich wie »Butzen«, was mich an einen »Apfelbutzen« (schwäbisch für Kerngehäuse) denken ließ. Gemeint war Martin Bucer, der große Reformator aus Straßburg. In meiner Heimatgemeinde Gleisweiler trägt die evangelische Kirche seinen Namen, Bucer, richtig geschrieben mit »c«, während in der vornehmen Kurstadt und pfälzischen Wurstmarktzentrale Bad Dürkheim die ihm gewidmete Straße falsch und wenig vornehm schwäbisch akkommodiert Butzerstraße heißt. Martin Bucer konnte ich damals natürlich nicht kennen. Den Martin Luther kannte ich inzwischen ein bisschen, aber er hatte für mich als Kind durch die Epitheta der Großmutter und des Stadtpfarrers einen negativen Touch bekommen. Er imponierte mir dennoch irgendwie, weil wegen ihm offenbar viele Leute einen eigenen Glauben und eine eigene große Kirche hatten.

Erfahrungen mit Nazis

Das war in den Sommerferien 1941. Vier Monate später – wir wohnten, der Vater von den Nazis strafversetzt, in Hannover – konnte ich sozusagen am eigenen Leib, besser an der eigenen Seele, erfahren, dass da irgendetwas nicht stimmte mit den beiden Konfessionen. Als elfjähriger Pimpf der Hitlerjugend musste ich kurz vor Weihnachten an einer sogenannten Julfeier in einem Saal am Volgersweg in der Nähe des Hauptbahnhofes teilnehmen. Nach einigen Liedern vom »Bombenflieger-marsch« der Legion Condor bis »Es zittern die morschen Knochen« und »Die Fahne hoch« sprach ein vierzehn-jähriger Stammführer mit einer weißen Kordel über der Uniform einführende Worte über die Julnacht, also die germanische Jahreswende, und machte sich lustig über das Baby in der Krippe. Dann rief er plötzlich: »Wir wollen mal sehen: Wer katholisch ist, steht auf!« Ich erhob mich, brüllendes Gelächter im Saal, ich schaute mich um und wusste, warum: Ich war der Einzige – jedenfalls war sonst keiner aufgestanden. Er schrie: »Wir sind hier deutsch, wenn überhaupt evangelisch!« Er kannte mich, er ging zwei Klassen über mir in dieselbe Schule, das Leibniz-Gymnasium in der Alten Celler Heerstraße. Am anderen Tag passte ich ihn auf dem Heimweg in die Bödekerstraße ab, er 14, ich 11. Er hatte als schmächtige Großstadtpflanze keine Chance und hat mich nie mehr belästigt.

Grausam wie die Henker

1944 ließ ich mich nochmals auf eine Schlägerei mit einem Fähnleinführer ein, als ich am Ostersonntag an einem Sternmarsch der Hitlerjugend teilnehmen sollte, was ich als alter Ministrant ablehnte und mir von meiner Mutter ohnehin verboten worden war. Für Konflikte dieser Art gab es damals keine andere Lösung als Gewalt. Die Sache hätte für mich auch schiefgehen können.

Wie wir noch sehen werden, spielte das Thema Gewalt im Leben Luthers, der offensichtlich über ein erhöhtes Renitenzpotential verfügte, eine große Rolle. Das fing bei ihm schon im Elternhaus und in der Schule an. Als ich las, was ihm als Kind passierte, dachte ich an die Dokumentation der Kindesmisshandlungen, die Professor Köttgen, Ordinarius für Kinderheilkunde an der Universität Mainz, in meiner Zeit als Mainzer Minister aufgebaut hatte. Er schätzte die Dunkelziffer von Kindesmisshandlungen auf über 200 000 im Jahr, so viel wie heute der Kinderschutzbund. Jeden Tag werden in Deutschland hilf- und wehrlose kleine Menschen auf heiße Herdplatten gesetzt, grün und blau geschlagen, verbrüht und sexuell missbraucht; diese Zahl global auf die ganze Erde zu extrapolieren verbietet sich eigentlich aus medizinischen Gründen, denn die Vorstellung, was in dieser Sekunde mit drei Millionen Kindern auf der Welt geschieht, lässt einem das Blut in den Adern gefrieren.

Nimmt man die Gewalt gegen Frauen hinzu, erweist sich die von Luther, den Päpsten Johannes Paul II. und Benedikt XVI. und fast allen Religionen der Welt sakralisierte Ehe als der für die Menschheit gefährlichste Ort für Körperverletzung, aber auch sexuellen Missbrauch. Es ist nahezu rührend, aber auch tröstlich, allerdings ebenso prototypisch, wie Luther mit den ihm bekannten und ihm zugefügten Misshandlungen umgeht. *»Meine Mutter stäupet (schlug) mich um einer einzigen Nuss willen bis aufs Blut.«*[1] Mit dieser Erziehung sei er schließlich ins Kloster getrieben worden. Er billigte seinen Eltern das Recht zu einer strengen Erziehung zu, erwähnte aber auch, dass sein Vater ihn einmal so hart bestrafte, dass der Junge sich von ihm zurückzog.[2] Dennoch erinnert sich Luther in Liebe an ihn, weil er nach Gott alles, *»was ich bin und habe«*, der Liebe seines Vaters verdanke.[3] Diese Erfahrungen übertrug er auf die Erziehung seiner eigenen Kinder: *»Ich schlag mein Hänschen nicht gerne, sonst würde es blöd und mein Feind werden – ich wüsste kein größeres Leid.«*[4] Anderen gegenüber war er hartherzig. 1542 schickte er diesen Hans mit seinem Neffen Florian von Bora auf eine angesehene Schule in Torgau. Als sich herausstellte, dass Florian eine Kleinigkeit gestohlen und dann auch noch gelogen hatte, »ordnete Luther an, ihn unbarmherzig mit Prügel ›bis aufs Blut‹ zu bestrafen«.[5]

Es ist schwer zu sagen, wie Luther sich heute zur Prügelstrafe stellen würde. Wahrscheinlich würde er sie ablehnen; man spürt aus allen Aussagen, dass er im Grunde seines Innern die Misshandlungen, vor allem auch in den Schulen missbilligte, aber aus übergeordneten Gründen, auf die wir noch kommen werden, die Anwendung von Gewalt für richtig hielt. Hart kritisierte er beispielsweise die Zustände in seiner Trivialschule; noch in den Tischreden kommt er darauf zurück: »*Es ist ein Teil der Lehrer so grausam wie die Henker. Auch ich wurde einmal vormittags fünfzehnmal ohne alle Schuld geschlagen: Ich sollte deklinieren und konjugieren und hatte es nicht gelernt.*«[6] Es gab ein Spitzelsystem, in dem immer ein Schüler den Auftrag hatte, die Schüler aufzuschreiben, die in dieser Lateinschule deutsch sprachen oder sich anderweitig schlecht benahmen, worunter man sich willkürlich vieles vorstellen konnte. Am Ende der Woche erfolgte die Bestrafung. Diese Zustände haben Luther offenbar so mitgenommen, dass er später in den Tischreden immer wieder darauf zu sprechen kam und bereits in der Schrift »An die Ratsherren aller Städte deutsches Lands …« von 1524 den dortigen Schulpolitikern seine üblen Erfahrungen mitteilte: Hölle und Fegefeuer seien diese Schulen gewesen, »*da wir innen gemartert sind über den Casualibus und temporalibus, da wir doch nichts denn eitel nichts gelernt haben durch soviel steupen, zittern, angst und jammer*«.[7]

Luther hat, von seiner Schulzeit einmal abgesehen, objektiv betrachtet, persönlich keine körperliche Gewalt erfahren. Subjektiv glaubte er jedoch, dass z. B. die höllischen Schmerzen, die er wegen seiner permanenten

Harnverhaltung durch Blasen- und Nierensteine erleiden musste, ihm vom Satan höchstpersönlich zugefügt wurden. Für ihn wurde das ganze Leben zu einem Dauerkampf zwischen Gott und dem Teufel.

Kajetan und Judith Holz

Ich bin froh, dass ich in meinem ganzen Leben weder von Eltern noch von Lehrern geschlagen wurde, dafür haben alliierte Bombenangriffe auf Hannover, die Jabojagden auf Zivilisten in schwäbischen Dörfern, die mit eigenen Augen und Ohren erlebten KZ-Gräuel der Nazis und deren Verfolgung meines Vaters die politische Ausrichtung meines Lebens bestimmt. Am Ende des Krieges lebten wir in Spaichingen im südlichen Württemberg. Dort wurden Häftlinge des örtlichen Außenlagers des KZ Schömberg, das wiederum zum KZ Natzweiler-Struthof gehörte, in einer Strafaktion im Winter 1944/45 nachts an Pfähle gefesselt und mit Wasser übergossen. Bevor sie erfroren waren, hörte man eine Stunde lang ihre unmenschlichen Schreie, und die ganze Stadt flüsterte noch tagelang hinter vorgehaltener Hand über dieses Verbrechen. Mein Kinder- und Schulfreund, der Zigeunerjunge Kajetan, wurde mit sieben Jahren 1937 von den Nazis aus Ravensburg, wo wir seinerzeit wohnten, deportiert – ich habe ihn später als für Roma und Sinti zuständiger Bundesminister wiedergefunden. Meine langjährige Klavierlehrerin, die Halbjüdin Judith

21

Holz aus Tuttlingen, wurde 1943 ebenfalls deportiert und, wie ich später in Erfahrung brachte, in Mauthausen ermordet. Ich war mit fünfzehn Jahren vom Nationalsozialismus restlos bedient, und meine für manche auch in der CDU hypersensible Abwehrhaltung gegen alles Rechtsradikale hat unter anderem hier ihren Ursprung.

Bei den Jesuiten

Ab 1946 besuchte ich das Jesuiten-Gymnasium in St. Blasien. Dort begegnete mir Luther im Geschichtsunterricht, der nicht anhand eines Geschichtsbuches, sondern auf der Grundlage eines vervielfältigten Manuskripts des Paters und begnadeten Predigers Johannes B. Wiedemann erteilt wurde.

Dabei wurden auch die Reformation durchgenommen und deren Gründe und Ziele dargestellt, nicht unfreundlich, aber ziemlich kursorisch. In der Verteufelung des Papstes erfuhr Luther allerdings keine Gnade. Luther war mir nicht ganz geheuer, aber doch sehr sympathisch, weil er offenbar schon vor 400 Jahren vorausschauend, ohne sie zu kennen, Sündengeschäfte wie die meiner Großmutter Theresia verurteilt hatte.

Ich erinnere mich, dass die Jesuiten in St. Blasien, Pater Johannes B. Wiedemann und Pater Otto Faller, der damalige Rektor des Kollegs, Beichtvater von Pius XII.,

Herausgeber der Werke des Kirchenvaters Ambrosius, in den höchsten Tönen von Luthers Zeitgenossen Erasmus und Melanchthon, mit denen ich mich erst später beschäftigte, sprachen, sei es wegen ihrer Liebe zur griechischen Sprache, sei es, weil Melanchthon mehrfach – allerdings vergeblich – den Versuch gemacht hatte, an Luther vorbei zu einer Einigung mit der katholischen Kirche zu kommen. Erasmus und Melanchthon lernte ich als Brüder im Geiste kennen, was Diskussionskultur und Kompromissbereitschaft betraf.

Etwas anderes ist mir noch deswegen in Erinnerung geblieben, weil es mir in der damaligen Atmosphäre nach Auschwitz unheimlich vorkam. Pater Wiedemann erzählte im Unterricht, dass der Ordensgründer Ignatius einmal – ich glaube bei Tisch – gesagt habe, er würde es für sich als besondere Gnade Gottes ansehen, wenn er von Juden abstammte, weil es etwas Einzigartiges sei, wenn jemand sagen könne, er sei ein Verwandter Jesu Christi und der Jungfrau Maria. Wie wir erfahren werden, dachte Luther als junger Mann ähnlich, aber dann später völlig anders.

Nach dem Abitur in St. Blasien trat ich 1949 als 19-Jähriger in das Noviziat der Jesuiten in München-Pullach ein. Im Mittelpunkt des zweijährigen Noviziats stehen die tägliche Meditation und geistliche Übungen, einfache Arbeiten im Garten oder in der Küche bis zum Putzen der Waschräume, aber auch praktische Ar-

beiten in der Fabrik – bei mir war es die Eisengießerei
Kustermann in München –, in Altenpflegeheimen, an
Sonderschulen. Am Ende des ersten Jahres ereignen sich
– so ernsthaft und feierlich kam mir das damals vor –
die sogenannten großen Exerzitien des Ordensgründers
Ignatius von Loyola: 30 Tage absolutes Schweigen, Kon-
templation, Gewissenserforschung, Beten, das Lernen
der Unterscheidung der Geister und die totale Selbstverleugnung: »abnegatio sui ipsius«, das bedeutet Zerstörung des alten Menschen, Geburt eines neuen Menschen, eines neuen Heiner Geißler, der »ad maiorem dei
gloriam« lebt und dessen höchstes Ziel und wichtigste
Aufgabe darin besteht, den Hochmut zu bekämpfen, die
Ursünde des gefallenen Engels: Ich bin wie Gott.

Nach zwei Jahren legte ich – so wie Luther bei seinem
späteren Eintritt in das Augustiner-Eremitenkloster in
Erfurt – die drei Ordensgelübde ab: Armut, Keuschheit
und Gehorsam. Im Alter von 23 Jahren trat ich aus dem
Orden, mit dem ich mich bis heute eng verbunden fühle,
wieder aus, weil ich zwei dieser Gelübde – es war nicht
die Armut – nicht so richtig halten konnte.

Kapitel II

Die theologische Reformation

Die geschichtliche Situation – Der Blitzschlag –
Dies irae – Luthers Sündenangst – Sünden-
kataloge – *Metanoeite* – Der Mensch: ein Klumpen
Sündendreck – Ablass für das Schwängern der
Jungfrau Maria – Rechtfertigungslehre – Koper-
nikus und Luther – Die Erbsünde – Jesus oder
Augustinus – Unerträgliche Sündenmoral

Die geschichtliche Situation

Luther war nicht der einzige Kritiker der katholischen Kirche und der Gesellschaft des ausgehenden Mittelalters und des Beginns der Neuzeit. Es war eine Periode des Umbruchs, wie sie in der Geschichte der Menschheit nur selten vorkam. Die Neue Welt war entdeckt worden. Das ptolemäische Denken und das theozentrische Weltbild gerieten ins Wanken, und Europa war durch das islamisch-türkische Osmanische Reich unmittelbar bedroht. Die Erfindung des Buchdrucks hatte ähnlich revolutionäre Folgen wie heute die Entwicklung der Computer und des Internets. Die europäischen Mächte waren in schwere Kriege verwickelt, und die Autorität des Kaisers des Heiligen Römischen Reiches Deutscher Nation war angeschlagen und wurde vor allem von Frankreich und England bestritten. Die Kirche und ihre Repräsentanten – Päpste, Bischöfe, Würdenträger – befanden sich zum großen Teil in einer geistigen und moralischen Krise. Das Papsttum hatte eine Periode tiefsten moralischen Zerfalls noch kaum zu überwinden angefangen. Politik und Religion waren so miteinander verwoben, dass die Kirche zum Staat und der Staat zur Kirche wurde. Die Klöster zerfielen, und schon damals wurde den Priestern durch den Zölibat eine Last auferlegt, die nur die wenigsten tragen konnten, so dass sich in den Augen der Bevölkerung der »Sittenverfall« auch unter einfachen Priestern rasch verbreitete. Der immense Geldbedarf der Mächtigen führte zur Ausbeutung der kleinen Leute. Vielerorts erhoben sich die Bauern, weil sie den Frondienst nicht mehr zu tragen fähig und willig waren. Krankheiten und früher Tod waren alltägliche Begleiter, und mittels des Ablasshandels wurde sogar mit Sünden und deren Nachlass erhebliches Geld gemacht und die Kirchen bereichert.

Auch wir leben in einer Zeit des Umbruchs. Nach dem Niedergang des Nationalsozialismus und ebenso des Kommunismus entsteht global eine neue Ideologie: der religiöse Fundamentalismus, der in seiner Aggressivität gestärkt wird durch die technologische Revolution und die damit verbundene Globalisierung von Ökonomie und Kultur. Was Luther angesichts dieser Zustände heute sagen würde, kann niemand wissen. Aber was er mit seinem theologischen Hintergrund sagen müsste, um die Kirchen und die Gläubigen in vergleichbarer Weise wachzurütteln wie vor 500 Jahren und an ihre weltgeschichtliche Mission zu erinnern, das kann ebenso genau beschrieben werden wie die Chancen, die Inhalte, die Bedingungen für die Überwindung des Schismas in der Westkirche und mit der Ostkirche.

Der Blitzschlag

Im Alter von 22 Jahren geriet Luther 1505 auf der Rückreise von einem Besuch bei seinen Eltern in der

Nähe des Dorfes Stotternheim in ein Sommergewitter.
Ein Blitzschlag warf ihn zu Boden und versetzte ihn in
Todesschrecken. Er flehte zur heiligen Anna um sein
Leben und legte das Gelübde ab: »*Hilff du, S. Anna, ich
will ein Mönch werden.*« Vor Angst gelähmt angesichts
eines plötzlichen Todes, sei er zu dem Gelübde gezwun-
gen und genötigt worden. Seine Gefühlswelt reichte
von der schrecklichen Gegenwart des lebendigen Gottes bis zur himmlischen Berufung »wie einst Paulus vor
Damaskus«.[1] Aber er fühlte sich an sein Versprechen gebunden, gab sein gerade erst begonnenes Jurastudium
auf und trat aus Sorge um sein Seelenheil ins Kloster
ein: »*wegen meinem Heil gelobte ich*«.[2] Mit dem Mönch-
sein wollte er dem Gericht und der Hölle entkommen.
Aus Angst vor dem richtenden Christus wollte er sich
mit Beten und Fasten Gott zum Freunde machen. Er
ging diesen Schritt, obwohl er dadurch gegenüber seinem Vater ungehorsam wurde, was er als große Sünde
empfand, ihn aber nicht von diesem Schritt abhalten
konnte.

Dies irae

Wenn ich mit meiner Großmutter hin und wieder in
eine Totenmesse ging und deren Sequenz hörte, die lateinisch vorgesungen wurde, überfiel mich regelmäßig ein
Gefühl der Beklemmung:

Dies irae dies illa,
Solvet saeclum in favilla:
Teste David cum Sibylla.

Quantus tremor est futurus,
Quando iudex est venturus,
Cuncta stricte discussurus!

Mors stupebit et natura,
Cum resurget creatura,
Iudicanti responsura.

1
Tag der Rache, Tag der Sünden,
Wird das Weltall sich entzünden,
wie Sibyll und David künden.

Welch ein Graus wird sein und Zagen,
Wenn der Richter kommt, mit Fragen,
Streng zu prüfen alle Klagen!

Schaudernd sehen Tod und Leben
Sich die Kreatur erheben,
Rechenschaft dem Herrn zu geben.

In Aufführungen von Mozarts Requiem – etwa unter
Leonard Bernstein – kann man diese phantastisch-
schreckliche Eskalation erleben, wenn das »Dies irae«
nach dem letzten Ton des »Kyrie eleison« schlagartig

einsetzt. Doch führte der großmütterliche Marathon-Kirchenbesuch nicht zur Festigung meines Glaubens. Denn als ich im Alter von elf Jahren das Lateinische schon recht gut verstand und begriff, welche Apokalypse hier verkündet wird, kamen mir wegen des »Dies irae« die ersten Gotteszweifel, die in der Folge wuchsen und wuchsen und mich bis heute umtreiben.[3]

Luthers Sündenangst

Luther aber bekam keine Gotteszweifel. Er glaubte noch an einen richtenden Gott, den gnädig zu stimmen er die Mönchsgelübde abgelegt hatte. Aber schon in den nächsten fünf Minuten konnte die Gnade wieder verloren sein durch einen Verstoß gegen die Ordensregel, einen unkeuschen Gedanken, durch den Zweifel, bei der letzten Beichte alle Sünden bekannt zu haben. Es wird berichtet, dass Luther bis zum Exzess gebeichtet habe.[4]

Vermutlich zählten zu diesen Anfechtungen Luthers, die ihn das ganze Leben plagten, auch sexuelle Versuchungen. Doch alle Luther-Biographen machen um dieses Thema einen großen Bogen. Luther selber hat das Problem nicht verschwiegen, aber heruntergespielt. Das hängt mit Sicherheit damit zusammen, dass seine katholischen Gegner später behaupteten, Luther habe die Reformation nur deswegen durchgeführt, um seine sexuellen Bedürfnisse ausleben zu können und heiraten zu dürfen.

Das ganze Feld sexueller Betätigung einschließlich gewisser Praktiken innerhalb der Ehe (»in Gedanken, Worten und Werken«[5]) befand sich in der Rubrik »schwere Sünden«, was allerdings im Spätmittelalter bis zur Renaissance die hohe Geistlichkeit, Fürsten und Adlige in ihrem Sexualverhalten nicht sonderlich beeinflusste, aber vor allem in Deutschland von immer mehr Menschen als Skandal empfunden wurde. Bei gläubigen einfachen Menschen, bei Mönchen und Nonnen mit ihren Keuschheitsgelübden und bei vielen der zu sexueller Enthaltsamkeit verpflichteten Priestern mussten die moraltheologischen Vorgaben zu mehr oder weniger heftigen Gewissensqualen führen. Hinzu kam die tödliche Angst vor dem Fegefeuer, die verzweifelte Frage, ob Gott einem die Sünden vergibt. Luthers Ordensoberer Johann von Staupitz nannte Luthers Sünden zwar »Humpelwerk und Puppensünden«, als dieser ihm seine panischen Ängste beichtete, aber das half Luther auch nicht weiter. Waren es nur »leichte« Sünden oder »schwere« oder gar Todsünden, so quälte er sich durch sein junges Leben.[6]

Als katholischer Priester steigerte sich seine Sündenangst ins absolut Krankhafte. Jesus war ja in Gestalt des Brotes und des Weines während der Heiligen Messe leibhaftig gegenwärtig und durfte unwürdig nicht gegessen und getrunken werden. Nach einer nächtlichen Pollution, einem Samenerguss mit oder ohne absichtliche Manipulation, stürzte Luther in die schlimmsten Gewissensqualen.[7] Es kam vor, dass er während der Messe einem herangerufenen Priester noch einmal beichtete, ein andermal rief Luther in der Messe während des Evangeliums von der Heilung des epileptischen Knaben, wo Jesus dem Dämon gebietet auszufahren: »Ich … nicht, ich … nicht«, und fiel dann übermächtigt zu Boden.[8] In einem von ihm gedichteten Kirchenlied heißt es:

Dem Teufel ich gefangen lag,
im Tod war ich verloren,
mein Sünd' mich quälet Nacht und Tag,
darin ich war geboren.
Ich fiel auch immer tiefer drein,
es war kein Gut's am Leben mein,
die Sünd' hat mich besessen.

Sündenkataloge

Im Römerbrief hat Paulus die unentschuldbaren Sünden der Menschheit seit ihrem Bestehen aufgelistet. Er meinte, die Menschen mit diesen Sünden verdienten den Tod (vgl. Röm 1,18 ff.):

Undank Gott gegenüber,
Darstellung Gottes als vierfüßiges und kriechendes
    Tier,
entehrende Leidenschaften,
lesbische Liebe und Homosexualität,

Ungerechtigkeit, Schlechtigkeit, Habgier, Bosheit
und Neid,
Mord,
Streit, List und Tücke, Verleumdung und üble Nach-
rede,
Hochmut und Prahlsucht,
Erfindungsreichtum im Bösen,
Ungehorsam gegenüber den Eltern.

Es ist schlecht vorstellbar, dass Luther sich all dieser Sünden selber bezichtigt hat. Aber im Laufe der Kirchen-,
Mönchs- und Nonnengeschichte hat die Moraltheologie
jenseits der Zehn Gebote und des paulinischen Sün-
denkatalogs weitere sündhafte Fallstricke ausgebreitet,
in denen sich die Menschen verfangen konnten. Neben
den erwähnten sexuellen Verführungen, die bei rechtem
Lichte besehen gar keine Sünden waren, konnte man
schwere Schuld auf sich laden durch Streit, Lüge, Zwie-
tracht, üble Nachrede, Reden mit einer Frau und Fasten-
brechen. Darüber hinaus wurden in den Klöstern aber
auch einfache Regelverstöße zu Sünden befördert, unter
anderen:

Zuspätkommen im Chor oder beim Essen,
schlechtes Lesen und Singen oder Fehlen beim Lesen
und Singen,
leichtfertiges Benehmen, wie das Umherschweifen
des Blickes,
Lachen oder andere zum Lachen bringen,

Einschlafen im Chor,
Vernachlässigung der liturgischen Gewänder,
unsachgemäßer Umgang mit Büchern,
Verschütten der Suppe,
Fluchen,
Vernachlässigung eines Amtes,
Beschwerden über Essen und Kleidung,
Brechen des Schweigens.[9]

Dieser Schuldkatalog zeigt, wie das ganze Klosterleben von einem engen Gesetzesnetz überzogen war. Nicht von ungefähr beschreibt Luther im Rückblick diese Jahre als eine Zeit, in der er sich Christus nicht verbunden fühlte, sondern ihn fürchtete: *»Denn ich glaubte nicht an Christum, sondern hielt ihn nicht anders denn für einen strengen, schrecklichen Richter, wie man ihn malet auf dem Regenbogen sitzend.«* Beim Blick auf Christus habe er jedes Mal den Teufel dahinter gesehen.[10]

Metanoeite

Befördert wurde diese Sündenhysterie durch einen theologisch gewollten Übersetzungsfehler des Kirchenvaters Hieronymus, der sich auch an anderen Stellen der Bibel solches leistete. Als Jesus am Jordan predigte, rief er den Menschen, die in großen Scharen zu ihm gekommen waren, zu: *Metanoeite* (Mt 4,17). Hieronymus hat dieses *Metanoeite* in der sogenannten Vulgata lateinisch übersetzt mit »poenitentiam agite«, woraus bei Luther dann konsequenterweise der Satz wurde: »Tuet Buße.« Diese Aufforderung ist eine zentrale Aussage in Luthers Theologie und auch in der Verkündigung des Evangeliums. Das ganze Kirchenjahr über wird den Menschen zugerufen, tuet Buße. Die Kirchen haben sogar eigene Feiertage dafür, die Protestanten den Buß- und Bettag, die Katholiken den Aschermittwoch. Das Wort *metanoeite* leitet sich aber von dem Verb *noein* für »denken« her, die Präposition *meta* steht für »um« oder »nach«. Jesus forderte die Leute also zum Umdenken auf, sie sollten anderes denken als das, was damals gedacht wurde. Die Übersetzung von Hieronymus und Luther hat Generationen von Christen in die Irre geführt und sie glauben lassen, sie müssten schuldbewusst, sündenbeladen, demütig und vom Sündenwahn gepeinigt herumlaufen. Das war aber nicht die neue Botschaft. Das alles hatten sie schon im Tempel gehört. Doch durch diese Übersetzungsfälschung ist die eigentliche Botschaft des Evangeliums, das ja vom griechischen *Eu angelion* für »die gute Nachricht« kommt und also eine »frohe Botschaft« meint, immer mehr aus dem Bewusstsein der Menschen und auch der Kirche verschwunden.

Auf die Frage, welche Sünden denn eigentlich heute von Bedeutung seien, griff der neue Papst Franziskus das politische und wirtschaftliche System an und mahnte, dass die Unterdrückung der Armen und der Lohnbetrug an den Arbeitern zwei Sünden seien, die danach schrien, von Gott gerächt zu werden. Es geht nicht um die Sexualmoral, die hier überhaupt nicht zur Debatte steht, sondern um die schweren Sünden, die in den Slums von Buenos Aires bis Kairo durch die Ausbeutung der extremen Armut entstehen. Sie werden in Deutschland durch Lohndumping und Ausbeutung der Arbeitszeit genauso begangen. Dazu kommen Mädchenhandel, Kinderschändung, Zwangsprostitution und europäischer Nahrungsmittelexport in die Entwicklungsländer.

Der Mensch: ein Klumpen Sündendreck

Luther wurde schon vor Ablauf des zweiten Jahres zum Priester geweiht, da er sich offenbar streng an die Ordensregeln gehalten hatte: Nach dem Studium der Theologie und dem Doktorexamen in Erfurt und zeitweiliger Funktion als Distriktvikar seines Augustinerordens wurde Luther Professor in Wittenberg, wo Kurfürst Friedrich III., der Weise, eine Universität gegründet hatte. Friedrich, der später zum eigentlichen Schutzherrn Luthers werden sollte, war an sich kaisertreu, es sei denn, es ging um die Interessen Kursachsens. Gebildet und fromm, hatte er eine umfangreiche Reliquiensammlung zusammengetragen, die 1520 insgesamt 19 000 Partikel umfasste, darunter den Daumen der heiligen Anna, erworben auf einer Pilgerfahrt nach Rhodos, sowie einen Dorn aus Christi Dornenkrone. In diesem speziellen politischen und religiösen Umfeld, umgeben von Koryphäen wie dem Gräzisten Melanchthon, entwickelte Luther seine neue Theologie.

Der englische Historiker Diarmaid MacCulloch nennt viele Erklärungsversuche für die Reformation: »den inneren Verfall der alten Kirche, die Gier von Herrschern nach dem Reichtum der Kirche, den forschenden individualistischen Geist des Humanismus oder nicht näher bezeichnete Kräfte einer sogenannten Modernität. Keiner dieser Ansätze trifft den Kern dessen, was damals geschehen ist, auch wenn in jedem ein Funken Wahrheit stecken mag. … die alte Kirche war ungemein stark. Nur die Sprengkraft einer Idee konnte eine derartige Macht erschüttern.«[11]

Die neue Idee war nicht die Sündenangst – die war ohnehin weit verbreitet –, auch nicht die Notwendigkeit eines schlechten Gewissens. Von Skrupeln sind alle Menschen mehr oder weniger betroffen. Es gibt Leute, die kommen bei Grün nicht über die Straße. Sie schauen links: Die Straße ist frei. Dann rechts: Die Straße ist frei. Aber jetzt noch einmal schnell nach links; die Situation könnte sich ja geändert haben. Links ist alles o. k. Aber was ist inzwischen mit rechts? So geht das weiter und weiter. Leute kommen am Urlaubsort an. Der Ehemann fragt die Ehefrau, ob sie das Haus vereinbarungsgemäß abgeschlossen habe. Sie sagt, hoffentlich habe ich es getan, aber ich weiß es nicht mehr. Die Frage ist von Kenia aus auch nicht zu beantworten. Das Fazit: Der Urlaub ist erledigt, die Ehe kaputt. Die Buchhalterin kann dem Chef nichts recht machen, weil er eine andere will, und macht dann erst recht einen Fehler nach dem anderen. Luther war einer dieser Unglücksraben. Aber seine Sündenangst wurde durch zwei weitere Höllenängste bis zum Exzess gesteigert.

Ganz besonders traf ihn die unglaubliche Geschichte, die der Apostel Paulus im 9. Kapitel des Römerbriefes über den Gott des Alten Testamentes erzählt (nicht die einzige pathologische Darstellung Gottes im Alten Testament): Rebekka hatte von Isaak Zwillinge empfangen: Esau und Jakob. Esau war der Erstgeborene. Dennoch sagte Gott: Der Ältere muss dem Jüngeren dienen; denn es steht in der Schrift: Jakob habe ich geliebt, Esau aber gehasst.

»Was sollen wir nun hierzu sagen?«, war der paulinische Kommentar: »Ist denn Gott ungerecht? Das sei ferne! Denn er spricht zu Mose: ›Wem ich gnädig bin, dem bin ich gnädig, und wessen ich mich erbarme, dessen erbarme ich mich.‹ So liegt es nun nicht an jemandes Wollen oder Laufen, sondern an Gottes Erbarmen ... So erbarmt er sich nun, wessen er will, und verstockt, wen er will.« (Röm 9,14-18) Luther glaubte zutiefst an diese Willkürgeschichte und schloss daraus wie schon Paulus und Augustinus, dass das Tun des Menschen vorherbestimmt sei. Er teilte die als ketzerisch gebrandmarkte Überzeugung des englischen Reformtheologen John

38

Wyclif (1331–1384): »Alles geschieht aus absoluter Notwendigkeit, auch das Böse.«[12] Da Erasmus von Rotterdam eine solche Prädestination ablehnte und vertrat, der Mensch könne sich – mit Gottes Hilfe – für das Gute oder Böse entscheiden, sah Luther in ihm einen Agenten des Teufels. Immerhin war Erasmus der bedeutendste Humanist der damaligen Zeit.

Während meines Studiums und später war mein Stand der Information in dieser Sache, wie der der meisten Katholiken, dass nach katholischer Lehre der Mensch eine angeborene, aber überwindbare, seit Adam vererbte Neigung zur Sünde, also eine moralische Macke habe, während die Evangelischen dem Kirchenvater Augustinus folgend behaupten, die Menschheit sei ausnahmslos total verdorben, »eine elende Sündenmasse«, und der Mensch »ein einziger Klumpen Dreck«,[13] der seit Adam, wie schon erwähnt, durch Geschlechtsverkehr von Mensch zu Mensch übertragen wird. Luther zufolge haben wir Menschen eine *»tiefe Verkrümmtheit und Verderbtheit ... und Bosheit in unserer Natur«.*[14]

Die Verzweiflung, in die gläubige Menschen mit dieser Theorie gestürzt werden, ist beabsichtigt. Sie können davon laut der katholischen Kirche – die Augustinus bisher hier abgelehnt hat – nur durch Buße befreit werden, also durch Reue, Beichte, Gebete (z. B. fünf Vaterunser und Ave-Maria pro Sünde), aber auch gute Werke. So werden die Sünden verziehen, und auch die fälligen Sündenstrafen können getilgt werden, etwa durch Geldspenden an die Kirche, was ich schon von meiner Großmutter gelernt hatte.

Für Luther dagegen war die Vorstellung, dass ein Mittun des Menschen gefordert und möglich war, um sich aus seiner Sündenverstrickung zu befreien, eine gotteslästerliche Anmaßung. Der Mensch könne sich nicht durch gute Werke rechtfertigen, sondern sei allein durch die göttliche Gnade und das darin enthaltene Geschenk des Glaubens gerechtfertigt.

Und zum freien Willen schreibt Luther: »*Daraus folgt nun, dass der freie Wille ein völlig göttlicher Ehrenname ist und keinem anderen zustehen kann, denn allein der göttlichen Majestät … Wenn dieser Titel Menschen beigelegt wird, so geschieht das mit nicht mehr Recht, als wenn ihnen auch die Gottheit selbst zuerkannt würde. Größer als diese Gotteslästerung kann aber keine sein.*«[15]

Ablass für das Schwängern der Jungfrau Maria

In diese theologische Gedankenwelt platzte nun die Praxis des Ablasses. 1514 wählte das Domkapitel in Mainz den 24-jährigen Albrecht von Brandenburg-Hohenzollern zum Erzbischof. Dafür war eine päpstliche Gebühr von 14 000 Gulden fällig. Albrecht war schon 1513 zum

Erzbischof von Magdeburg gewählt worden. Für diese Ämterkumulation und das fehlende Alter waren weitere päpstliche Dispense in Höhe von 29 000 Gulden notwendig. Das Bankhaus Fugger gewährte Albrecht den nötigen Kredit, im Gegenzug verpflichtete er sich, in seinen Bistümern den Petersablass zu vertreiben. Die Hälfte der Einnahmen floss für den Bau der Peterskirche nach Rom, die andere Hälfte diente dem Kapitaldienst für das Bankhaus Fugger. Dieser Ablass, der »vollkommenen« Nachlass aller zeitlichen Sündenstrafen bewirkte, war Inhalt der Ablassbulle »Sacrosancti salvatoris et redemptoris nostri« von Leo X. Als Voraussetzung dafür musste man Reue zeigen, die Beichte ablegen und sieben Kirchen besuchen, wovon allerdings Kranke und Behinderte ganz oder teilweise befreit waren. Die Ablassgebühr war gestaffelt: Könige und Königinnen mussten 25 Gulden, hohe Prälaten und Grafen 10 Gulden, geringere Prälaten und Grafen 6 Gulden, Bürger und Kaufleute 3 Gulden, Handwerker 1 Gulden, andere einen halben Gulden entrichten. Mittellose und Frauen ohne eigenes Einkommen sollten fasten und beten. Die Sündenstrafen des toten Großvaters oder Onkels, die vermutlich im Fegefeuer saßen, wurden auch erlassen.[16] Zum Generalkommissar für den Ablassvertrieb in der Kirchenprovinz Magdeburg wurde der in diesen Dingen erfahrene Dominikanerpater Dr. Johann Tetzel ernannt.

Luther hatte aufgrund seiner Theologie erhebliche, ja unüberwindbare Vorbehalte gegen den Ablass und seine

Praxis. Dass Tetzel behauptete, selbst ein Vergewaltiger der Jungfrau und Gottesmutter Maria würde durch den Ablass dem Fegefeuer entkommen, schlug sprichwörtlich dem Fass den Boden aus und war die Initialzündung für die lutherische Revolte und das berühmte Thesenpapier, das die damalige theologische Welt erschüttern sollte. Für Luther bestand der Skandal darin, dass die Verdienste Jesu mit denen der Heiligen in einen Topf geworfen wurden. Das war für ihn Gotteslästerung. Die Menschen waren für Luther gemäß dem Kirchenvater Augustinus ohnehin allesamt wie gesagt eine »massa peccatorum«, also ein Haufen Sünder, und konnten nichts tun, um ihre Erlösung zu verdienen, schon gar nicht, indem sie ein Stück Pergament von Erzbischof Albrechts Unterkommissaren kauften.[17] Luther setzte sich theologisch intensiv mit dem Ablassproblem auseinander und war sich danach seiner Sache sicher. Für ihn war das Ganze ein theologisches, für die alte Kirche und den Papst ein politisches und fiskalisches Problem.

Dabei gab es damals durchaus Alternativen zu dieser Haltung, die auch Luther bekannt waren. So setzte sich etwa Erasmus von Rotterdam mit seinem Humanismus in Gegensatz zu Augustinus und Luther. Er war nie ein Anhänger von Augustin und hatte in den Worten Diarmaid MacCullochs »viel zu viel Achtung vor der schöpferischen Kraft und Würde des Menschen, um glauben zu können, dass der menschliche Geist durch den Sündenfall vollkommen verdorben sei«.[18] Er orientierte sich nicht an Augustinus, sondern an einem anderen großen frühkirchlichen Theologen, nämlich an Origenes. Origenes wurde nie heiliggesprochen, weil er – richtigerweise – zu dem Ergebnis kam, dass es keine Hölle gebe und jeder am Ende erlöst werde und ins Paradies zurückkehre – sogar der Teufel.[19] Das hätte wohl auch Luther akzeptiert, wenn sich Gott ihm, dem Teufel, als gnädiger Gott zeigen würde. Nicht jedoch Augustinus. Für ihn gab es Menschen, deren ewige Verdammnis vorherbestimmt war.

In einer Talkshow, an der der Wissenschaftler und Autor Richard Dawkins (»Der Gotteswahn«), der damalige EKD-Vorsitzende Bischof Huber und ich teilnahmen, konnte keiner den Vorwurf Dawkins' bestreiten, wonach beide Kirchen von der Existenz einer Hölle ausgingen. Huber meinte aber, das sei zwar richtig, nur es säße niemand drin.

Rechtfertigungslehre

Vom Blitzschlag bei Stotternheim über die skrupulanten Beichtexzesse bis an die Universität in Wittenberg waren die »sündigen Anfechtungen« die Quelle von Luthers entscheidender Theologie. Er sagt von sich selber: *»Ich habe meine Theologie nicht auf einmal gelernt, sondern habe immer tiefer und tiefer grübeln müssen, da haben mich meine Anfechtungen hingebracht.«*[20] So hieß es in dem schon genannten Kirchenlied: »Mein Sünd' mich quälet Nacht und Tag, ich fiel auch immer tiefer drein, die Sünd' hat mich besessen.«

Die Rettung aus der Sünde fand er in Christus. Er sah, in einer Stunde der Erleuchtung, sich nicht mehr als Sünder dem rächenden, richtenden, zornigen Gott gegenüber, zu dem ihn – gegen das Evangelium – die Kirchenväter und die mittelalterlichen Theologen gemacht hatten, sondern er erkannte im gekreuzigten Jesus den gnädigen, gütigen Gott, der die Sünden der Welt auf sich genommen hatte und von den Menschen zur Tilgung der Sünden nicht unzureichende Leistungen verlangte, sondern den Glauben, und zwar nur den Glauben (»sola fide«). Das reichte.[21] Es sollte eine radikale Befreiung von den ganzen Sündenverstrickungen, der skrupulösen Gewissenserforschung, der Fegefeuerinszenierung und den Höllenszenarien der damaligen Theologen sein.

Dieser Befreiungsschlag hat mehr zerstört als nur Teile der katholischen Theologie. Nun steht der Mensch unmittelbar Gott gegenüber, er braucht keine Vermittlung, keine Heiligen, keine Maria, die Papst- und Priesterkirche ist abgeschafft. Jeder Mensch ist Priester, ob ehelich geboren oder nicht.

Er hat seine Theologie durchgesetzt gegen den Dogmenabsolutismus der Kurie, das schon damals praktizierte

Unfehlbarkeitsdenken der Päpste in Frage gestellt. Ob die Idee richtig war und ist, steht auf einem anderen Blatt Papier.

Aber was war denn seine Theologie, und was daran war neu? Würde man normale Christen auf der Straße danach fragen, käme sicher die Antwort: das Bekenntnis, dass wir ohne unser Verdienst allein aus der Gnade Gottes von unseren Sünden gerettet werden. Die sich in einem etwas höheren theologischen Stadium Befindlichen werden als »reformatorische Entdeckung« sagen, dass unter der im Neuen Testament immer wieder zitierten »Gerechtigkeit« Gottes nicht die philosophische Gerechtigkeit, die Gutes belohnt und Schlechtes bestraft, zu verstehen sei. Vielmehr sei der gerechte Gott der barmherzige Gott, der – und das war für Luther in seinen Anfechtungen wichtig – nicht straft, sondern schenkt und rettet durch den Glauben an das Evangelium.[22]

Das Höchste der theologischen Gefühle in Luthers Lehre besteht darin, dass selbst dieser Glaube nicht das Werk des Sünders ist, sondern ein Gnadengeschenk Gottes. Der Mensch kann nichts, aber auch gar nichts zu seinem Heil beitragen.

Dem hat sich auch die katholische Kirche in der »Gemeinsamen Erklärung zur Rechtfertigungslehre« unterworfen. Der wichtigste Passus lautet: »Wir bekennen gemeinsam, dass der Mensch im Blick auf sein Heil völlig auf die rettende Gnade Gottes angewiesen ist. Die Freiheit, die er gegenüber den Menschen und den Dingen der Welt besitzt, ist keine Freiheit auf sein Heil hin. Das heißt, als Sünder steht er unter dem Gericht Gottes und ist unfähig, sich von sich aus Gott um Rettung zuzuwenden oder seine Rechtfertigung vor Gott zu verdienen oder mit eigener Kraft sein Heil zu erreichen. Rechtfertigung geschieht allein aus Gnade.«[23]

Manche evangelische Theologen gehen sogar so weit, dass sie politische Freiheiten als »von Gott geschenkte« Freiheiten verstehen, z. B. die durch die Einheit gewonnene Freiheit der ehemaligen DDR-Deutschen. Aber sie war eine erstrittene, erkämpfte Freiheit, auch die Freiheit der Deutschen 1945, ebenso die Freiheiten der Arbeiterbewegung, der amerikanischen Verfassung 1776 und der Französischen Revolution. Sie wurden teilweise gegen den Widerstand der Kirchen durchgesetzt.

Die Rechtfertigungslehre mit ihren umstrittenen Voraussetzungen (sündiger Mensch, Gerechtigkeit Gottes) und erst recht die damit zusammenhängenden weiteren theologischen Fragen gehören in den Bereich der in der Kirchengeschichte zahllosen theologischen Konstruktionen und Lehrgebäude. Sie haben zwar mit dem Apostel Paulus, aber nichts mit Jesus zu tun, der sich mit keinem Wort zu diesem theologischen Konstrukt geäußert und keine Gnadenlehre, sondern eine frohe Botschaft *(Euangelion)* der Gottes- und Nächstenliebe verkündet hat.

Bei Paulus spielen Gnade und Glauben eine große Rolle, jedoch nicht in der Praxis der jungen Kirche, die sich ja gerade von ihrem hellenistisch gefärbten Umfeld durch eine besonders rigorose christliche Ethik (Sexualitätsfeindlichkeit und Anti-Kaiserkult), also durch »Werke« abheben wollte. Die paulinische Gnadenlehre im Römerbrief wurde erst durch den Kirchenvater Augustinus wieder ans Licht der Öffentlichkeit gezerrt und später dem Mönch Martin Luther plausibel gemacht.

Kopernikus und Luther

Fast zeitgleich mit Luther lebte nach Studienaufenthalten in Krakau, Bologna und Ferrara im ermländischen Frauenburg der katholische Domherr Nikolaus Kopernikus (1473–1543), der in seinem Werk »De Revolutionibus Orbium Coelestium Libri VI« (6 Bücher über die Kreisbewegungen der Himmelskörper) nachwies, dass nicht die Sonne sich um die Erde dreht, sondern umgekehrt die Erde um die Sonne. Diese »Kopernikanische Wende« veränderte fundamental das damalige Weltbild und revolutionierte die gesamte Physik und Metaphysik. Johannes Kepler (1571–1630), der in Tübingen evangelische Theologie studiert hatte, entwickelte das heliozentrische Weltbild weiter zur Grundlage einer neuen Astronomie. Luther, der 1546 starb, konnte von Kepler noch nichts wissen. Das kopernikanische Weltmodell jedoch war ihm bekannt,[24] er lehnte es aber ab als unvereinbar mit dem Schöpfungsglauben der Bibel.

Wenn Luther sich schon in dieser Frage irrte, wie kann sich die evangelische Theologie dann so sicher sein, dass er mit seiner Rechtfertigungstheologie richtig lag? Warum soll der Kirchenvater Augustinus, an dem sich Luther orientierte, mit seiner neuplatonischen Inspiration von der totalen Verderbtheit der Menschen die ganze Menschheit schlechtmachen dürfen? Durch welche Sünde soll der Mensch eigentlich daran gehindert werden, sich für das Gute und gegen das Böse zu entscheiden? Warum soll es sinnlos sein, als Mönch im Streben nach guten Werken gegen die Sünde zu kämpfen? Warum spielen Begriffe wie »mittlere Gnade«, »Angemessenheitsverdienst«, »Gnade als Notwendigkeit«, »Eingießung der Gnade«, verbunden mit allerlei theologischen Theorien, eine mehr oder weniger große Rolle in der 1200-jährigen Kirchengeschichte von Augustinus bis Luther? Und müsste sich Jesus unter den vielen Theologen, Schriftgelehrten, Konzil- und Kirchenvätern nicht fremd vorkommen?

Die Erbsünde

Luther war in Weltuntergangsstimmung, die Türken standen vor Wien, und er war gepeinigt von der Sündenangst. Das alles kann man nachvollziehen, auch seinen

Wunsch nach Heilsgewissheit: Er vertraute in Gottes Wort. Aber die Ursache für das ganze Elend war doch die Geschichte mit der Erbsünde: »Durch einen einzigen Menschen kam die Sünde in die Welt«, behauptete Paulus, »und durch die Sünde der Tod und auf diese Weise gelangte der Tod zu allen Menschen, weil alle sündigten.« (Röm 5,12) Und diese Ursünde Adams soll, um das Unglaubliche nochmals und nochmals zu sagen, mit dem männlichen Samen an die nach ihm Kommenden weitergegeben worden sein.

Aber was ist mit den unbestritten sündenlosen Babys und kleinen Kindern, den ungetauften Erwachsenen, und wie soll man das, was schon zwei Milliarden Christen kaum begreifen, an die fünf Milliarden Nichtchristen auf dieser Welt weitergeben und sie davon überzeugen? Auch »Die gemeinsame Erklärung« kommt ohne die Erbsünde nicht aus. Sie geht aber, um nur ein Problem zu nennen, von der Abstammung der gesamten Menschheit von einem einzigen ersten Menschenpaar aus. Dies ist jedoch heute durch paläoanthropologische Erkenntnisse mehr als zweifelhaft geworden. Die Möglichkeit einer Entstehung der Menschheit aus mehreren – parallelen, aber voneinander unabhängigen – Evolutionslinien bringt die Erbsündenlehre an den Rand des Lächerlichen.

Jedenfalls die vom Geschlechtsverkehr abhängige Erbsündenlehre allein bringt schon die ganze Rechtfertigungstheorie in die allergrößten Schwierigkeiten. Luther fragte: »Wie kriege ich einen gnädigen Gott?« Der heutige Mensch fragt: »Gibt es überhaupt einen Gott?« Der bedeutende katholische Dogmatiker Otto Hermann Pesch meinte, das Sündenbewusstsein gehe dem heutigen Menschen ab, weil ihm das selbstverständliche Bewusstsein von der Wirklichkeit und Gegenwart Gottes fehle.[25] Dies ist zweifellos richtig. Peschs Hoffnung, dass die Rechtfertigungslehre dennoch vermittelt werden könne, gründet sich auf die vielfältigen Erfahrungen von Absurdität, die der Mensch mit sich selbst und der Welt macht, etwa die der Endlichkeit zwischen Geburt und Tod, des Leids, der Selbstverneinung oder Überflüssigkeit, des Nicht-angenommen-Seins oder eines rätselhaften Schicksals.[26] Aber dieser Ansatz führt nicht zu Gott, sondern geradezu weg von Gott.

Jesus oder Augustinus

Denn die meisten Menschen fragen – sofern sie sich überhaupt dafür interessieren: Wenn Gott uns unsere Sünden vergeben will, warum vergibt er sie dann nicht einfach, ohne sich selbst dafür foltern und hinrichten zu lassen? Welche »Sünden« eigentlich? Sünden der Milliarden Kinder, Witwen, Behinderten, Krankenschwestern, Ärzte, Metallarbeiter, Lehrer, Architekten usw., die im Existenzkampf auch mal Fehler machen? Droht ihnen deswegen die ewige Hölle? Und was ist Gnade? Ein unverdienter Gunsterweis. Also ein Geschenk von dem, der diese Welt nach Meinung der Theologen beider Fakultäten ja selber geschaffen hat? Warum hat er sie so geschaffen, dass sie erlöst werden muss? Selbst die wirklichen Sünder, Mädchenhändler, Terroristen, Wucherer, Folterer, Diktatoren sind nicht gefragt worden, ob sie überhaupt auf der Welt sein wollen. Außerdem ist ihr Tun von ebendiesem gnädigen Gott laut Luther vorherbestimmt, denn ihm zufolge hat der Mensch keinen freien Willen: Judas *musste* Jesus verraten.

Und kann der Mensch wirklich gar nichts tun, um sein unverschuldetes Unheil abzuwenden und das Heil in ebendiesem Gott zu finden, der den ganzen Pfusch auf der Erde zugelassen hat? Außer einigen Theologen, die auch gegen die Verabschiedung der »Gemeinsamen Erklärung« polemisiert hatten, können die Einzelheiten der Rechtfertigungslehre kritischen Menschen sehr schlecht begreiflich gemacht werden. Luther hat die Menschen zwar von ihrer Sündenangst befreit, aber er hat sie in ihrem sonstigen Menschsein alleingelassen. Dass die Botschaft von Jesus weit über die Rechtfertigungslehre hinaus eine frohe Botschaft ist, eine gute Nachricht, zieht sich wie ein roter Faden durch das gesamte Evangelium.

In der Bergpredigt, mit der Luther nicht viel im Sinn hat, macht Jesus ausdrücklich den Trauernden und den Verfolgten Mut, und zwar in dieser Welt. Also Menschen, die sich in einer seelisch schwierigen Situation befinden, ohne dass sie gesündigt haben. Man kann nur ahnen, wie viele Menschen von der Verurteilung durch ihre Mitmenschen, dem Nachbarngetuschel und Gerede in ihrer Umgebung betroffen sind, heute wie damals: im Examen durchgefallen, gescheitert, die Ehe kaputt, im Büro gemobbt, krank oder behindert, unglücklich im Leben. Viele denken, sie seien minderwertig, fühlen sich schlechter als andere und zweifeln am Sinn und an der Berechtigung ihrer eigenen Existenz. Aber nun kommt Jesus und sagt: Alles falsch, kümmert euch nicht darum, was andere über euch reden, wie sie über euch urteilen und wofür sie euch die Schuld geben, ihr seid nicht ein Klumpen Sündendreck, sondern in eurer Würde unantastbar, weil sie in Gott verankert ist. Niemand kann euch diese Würde nehmen. Ihr seid unabhängig vom Urteil anderer Leute. Diese frohe Botschaft ist eine Botschaft der Befreiung mitten im Leben, eine Befreiung, die es den Menschen ermöglicht, aufrecht durchs Leben zu gehen, selbst wenn sie nach menschlichen Leistungsmaßstäben versagt, Fehler begangen und Ansprüchen nicht genügt haben. Auch Luther meint, es komme auf die Leistung nicht an. Die einfache Botschaft, dass der Wert der Menschen nicht von ihrer Leistung und Leistungsfähigkeit abhängt, weil sie eine eigene Würde besitzen, die in Gott verankert und also unantastbar ist, hätte den Kern der Frage getroffen und ist die Botschaft einer wahren Befreiung des Menschen.

Der Zusammenhang zwischen protestantischer Ethik und dem Geist des Kapitalismus, den Max Weber hergestellt hat,[27] ergibt sich aus der calvinistischen und nicht der lutherischen Theologie; für Luther war die Rechtfertigung durch Leistung, also durch gute Werke, ein Gräuel und das Predigen darüber gotteslästerlich. Ich habe in der politischen Auseinandersetzung viele Protestanten getroffen, die eine Art calvinistische Askese der Menschen voraussetzten, ihnen also Sparsamkeit und Eigenverantwortung abverlangten, wenn es etwa um die Frage der Lohnfortzahlung oder der Selbstbeteiligung bei der Krankenversicherung ging. So argumentierten beispielsweise Richard von Weizsäcker, Roman Herzog und Wolfgang Schäuble, wenn sie die Eigenverantwortung besonders betonten, während die katholischen Abgeordneten mehr auf die soziale Verantwortung den Schwachen gegenüber abhoben, denen man laut Evangelium helfen müsse und die man nicht noch zusätzlich abkassieren dürfe (siehe auch Kapitel I, Seite 11).

Unerträgliche Sündenmoral

Die »Gemeinsame Erklärung zur Rechtfertigungslehre« ist eine Kapitulation der katholischen Kirche, ein Kniefall vor Augustinus und Luther. Zur Erklärung dieses »Kompromisses« benötigte Kardinal Ratzinger allerdings eine volle Seite in der »Frankfurter Allgemeinen Zeitung«. Erneut wurde hier eine vom Sündenwahn und von der Angst vor dem Jüngsten Gericht diktierte künstliche Frage durch theologische Finessen und Dogmen-

kombinationen verwurstet zu einem Formelkompro-
miss, den außer den theologischen Insidern kein Christ
begreifen kann, von den sogenannten Ungläubigen ganz
zu schweigen.

Für Luther standen nicht wir Menschen, sondern Gott
und Christus im Mittelpunkt, der Mensch war für ihn,
wie schon erwähnt, gekennzeichnet durch »*eine tiefe
Verkrümmtheit und Verderbtheit … und Bosheit*«. Nun
haben führende protestantische Theologen im Laufe
der Kirchengeschichte diese rigorose Konstruktion kor-
rigiert. Aber dennoch ist die Sündhaftigkeit des Menschen ein Grundtatbestand auch der protestantischen
Pastoral. Vor einiger Zeit hat ein mit mir weitläufig Verwandter gesagt, er sei aus der evangelischen Kirche aus-
getreten. Auf meine Frage nach dem Warum antwortete
er, er sei es leid, jeden zweiten Sonntag, wenn er in die
Kirche gehe, vom Pastor von der Kanzel herab verkündet zu bekommen, dass er ein sündiger Mensch sei, und
dies anschließend im Gottesdienst auch noch singen zu
müssen. Er habe einmal die letzten Monate rückwirkend
Gewissenserforschung betrieben und es seien ihm gar
keine Sünden eingefallen.

In der EKD-Denkschrift »Rechtfertigung und Freiheit«
aus dem Jahr 2014 wird quasi als Entschuldigung gesagt, dass die Grundgedanken der Rechtfertigungslehre
auch schon früher, in der Theologiegeschichte der alten
Kirche, enthalten gewesen seien. Das ist wahr, vor allem

Paulus, Augustinus und Tertullian tragen die Verantwortung für die theologische Verleumdung der Menschen, wie meiner Eltern, der Krankenschwestern in der Sozialstation, deren Vorsitzender ich bin, von Albert Schweitzer, von heiligmäßigen Männern und Frauen wie Anne Frank und Edith Stein, wie dem Jesuiten Alfred Delp, dem Franziskaner Maximilian Kolbe, dem protestantischen Theologen Dietrich Bonhoeffer, die für ihren Glauben mit ihrem Leben einstanden und alle von den Nationalsozialisten hingerichtet wurden. Ist tatsächlich jeder Mensch, von Mozart bis Albert Schweitzer, ein Haufen Dreck, der ihm durch den Geschlechtsverkehr seiner Eltern vererbt worden ist? Die Denkschrift beklagt, dass in Eisleben, dem Geburtsort Luthers, nur noch sieben Prozent der Leute getauft seien. Das ist kein Wunder.

Die Behauptung Luthers, die Natur des Menschen sei *»von der Bosheit ganz durchsäuert«*,[28] mag zwar bei einigen ultrafrommen Leuten wohliges Gruseln hervorrufen, ist aber absolut menschenunwürdig und apostolatsschädigend für die Kirchen. Denn kein moderner, anständiger, wohlgesinnter, diakonisch tätiger Mensch wird sich in dieser Form beleidigen und herabsetzen lassen, weil dies ja auch der Realität nicht entspricht.

Das Reformationsfest 2017 muss scheitern, wenn die evangelische und die katholische Kirche, die sich dieser abstoßenden Beurteilung des Menschen angeschlossen hat, diese schwere Verletzung und Beleidigung der menschlichen Würde nicht aus der Welt schaffen. Es kann einen der heilige Zorn packen, wenn man weiß, dass alle diese theologischen »Wahrheiten« in den Evangelien nicht zu finden sind und von Jesus nie gesagt wurden. Evangelische und Katholiken beten im gemeinsamen Nicänischen Glaubensbekenntnis: »Wir glauben an den einen Gott, den Vater, den Allmächtigen, der alles geschaffen hat, Himmel und Erde, die sichtbare und die unsichtbare Welt.« Also auch Schöpfer dieses sündigen Dreckklumpens. Und sie bleiben auf der Frage sitzen, warum der Schöpfergott überhaupt eine Welt voller Dreckklumpen geschaffen hat, die erlöst werden müssen.

Bis zum Reformationsfest müssen die Kirchen diesen Irrtum, diese wahre Häresie aus der Welt schaffen, wenn sie wollen, dass in Eisleben und anderswo wieder mehr Menschen Freude empfinden, wenn sie an Gott und Christus denken.

Kapitel III

Gott, Pest und Polio

Die Gerechtigkeit Gottes? – Gott und Alan
Michaels – Die Pest – von Gott geschickt? –
Luthers unbrauchbare Antwort – Luthers
Gottesbild

Die Gerechtigkeit Gottes?

Die allgemein übliche Frage lautet: Gott nach Auschwitz? Diese Frage ist ärgerlich, verzweifelt, laut, gotteslästerlich, teuflisch, aber eben vor allem menschlich. Luther war in dieser Grundsatzfrage leider ein Meister der faulen Ausreden, der Gott bei Tod in den Familien oder schwersten Erkrankungen wie Pest und Cholera in den höchsten Tönen gelobt und gepriesen hat. Heute könnte er den menschlichen Desastern nicht mehr so einfach ausweichen.

Für die alten Griechen war Zeus der große Demiurg, ein Handwerker und Künstler, der die Welt geschaffen hat. Das sagen im Prinzip auch die heutigen Kreationisten. Wenn ein Tischler aber einen Schrank fertigte, der so viele Fehler aufwiese wie das Werk Gottes, dann würde man ihm vorwerfen, er habe gepfuscht, und er ginge im Rekordtempo pleite. Müsste bei so viel Pfusch auf dieser Erde, vom Kehlkopfkrebs bis zum Tod eines geliebten Kindes, von Tsunamis bis hin zum atomaren GAU, von verheerenden Kriegen bis zu »ethnischen Säuberungen«, nicht auch Gott seinen Bankrott erklären? Die schrecklichen Zustände in weiten Teilen dieser Welt sind das stärkste Argument all jener, die nicht an Gott glauben. Sie haben viele, auch tiefgläubige Menschen zu Zweiflern, ja zu Rebellen gegen Gott werden lassen.[1]

Gott und Alan Michaels

Philip Roth schildert in seinem Roman »Nemesis« ein solches Aufbegehren anlässlich der Beerdigung des kleinen Alan Michaels, der an Polio gestorben ist:

»Doch jetzt, da der Sarg in das Grab hinabgelassen wurde und Mrs Michaels ihn festhalten wollte und schrie: nein, nicht mein Kind, offenbarte sich … der Tod als ebenso mächtig wie die unablässig auf den Kopf einhämmernde Sonne. … Sie beteten mit dem Rabbi die Totenklage, wobei sie Gott wiederholt für seine Allmacht priesen. Sie sparten nicht mit Lob für einen Gott, der dem Tod erlaubte, alles – auch Kinder – zu zerstören. Zwischen dem Tod … und dem … zum Preis Gottes gesprochenen Kaddisch hatte die Familie kaum mehr als 24 Stunden Zeit gehabt, Gott für das, was er getan hatte, zu hassen … Er (der Lehrer des Jungen) hatte Gott nicht gehasst, weil Er ihm seinen Großvater genommen hatte, als dieser ein dem Sterben angemessenes Alter erreicht hatte, aber (seinen Schüler) Alan Michaels durch Polio umzubringen? Polio überhaupt entstehen zu lassen. Wie konnte es angesichts derartig wahnsinniger Grausamkeit Vergebung – geschweige denn Hallelujas – geben? Es wäre … viel weniger anstößig erschienen, wenn die Trauernden sich als Zelebranten der Majestät eines Sonnengottes bekannt hätten … als die offizielle Lüge zu schlucken, Gott sei Liebe und Güte, und vor einem kaltblütigen Kindermörder im Staub zu kriechen.«

Aber Luther kroch nicht im Staub. Er und die Kirchen bejubeln in solchen Situationen und auch sonst ganz allgemein – trotz IS (Islamischer Staat), Folter in 126 Staaten, Verhungern von 250 000 Kindern pro Woche – Gott mit Psalmen bis auf den heutigen Tag:

> Danket dem HERRN: denn er ist freundlich,
> und seine Güte währet ewiglich.
> Es sage nun Israel: Seine Güte währet ewiglich.
> Es sage nun das Haus Aaron:
> Seine Güte währet ewiglich.
> Es sagen nun, die den HERRN fürchten:
> Seine Güte währet ewiglich.
> In der Angst rief ich den HERRN an:
> und der HERR erhörte mich und tröstete mich.
> Der HERR ist in mir, darum fürchte ich mich nicht:
> Was können wir Menschen tun?
> Der HERR ist mit mir, mir zu helfen:
> Und ich werde herabsehen auf meine Feinde.
> …
> Dies ist der Tag, den der HERR macht:
> Lasst uns freuen und fröhlich an ihm sein.
> (Psalm 118,1-24)

In seinen Vorlesungen bekannte Luther mit Hiob, dass Gott sich nicht für das Leid auf dieser Erde zu rechtfertigen habe. Das ist die simpelste Lösung und Antwort auf die Frage nach dem gerechten Gott. Hiob lässt die Faust in der Tasche und kriecht zu Kreuze: »Ich erkenne, dass du alles vermagst und nichts, das du dir vorgenommen, ist dir zu schwer … Ich hatte von dir nur vom Hörensagen vernommen; aber nun hat mein Auge dich gesehen. Darum spreche ich mich schuldig und tue Buße in Staub und Asche.« (Buch Hiob 42,2-6)

Die Pest – von Gott geschickt?

1527 bricht in Wittenberg die Pest aus. Wie reagiert Luther? Er predigt den Leuten, man dürfe vor der gefährlichen Seuche nicht fliehen, weil sie »Gottes Geschick« sei. Auf das Sterben solle man sich als Gottes Strafe einstellen und die Angst davor als Werk des Teufels durchschauen. Andererseits meint er, bei der Pest habe er es nicht mit irgendeinem Teufel zu tun, sondern mit dem Höllenfürsten selbst.[2] Angesichts der Epidemie, der Schwerkranken in vielen Häusern und der Toten in den Straßen, des Verwesungsgestanks, kommt ihm Psalm 118 in den Sinn, den er gemeinsam mit der Wittenberger Kirchengemeinde betet:

Gelobt sei, der da kommt im Namen des HERRN!
Wir segnen euch, die ihr vom Hause des HERRN
  seid.
Der HERR ist Gott, der uns erleuchtet.
Schmückt das Fest im Maien bis an die Hörner des
  Altars!
Du bist mein Gott und ich danke dir:

Mein Gott, ich will dich preisen.
Danket dem HERRN: denn er ist freundlich
und seine Güte währet ewiglich.
(Psalm 118,26-29)

Psalm 118 war auch sonst der theologische Kommentar Luthers zu Tod, Unglücksfällen und Krankheiten, von denen er wahrlich selbst genug geplagt war.

Seit 1524 litt er unter einer nicht enden wollenden Serie von Erkrankungen, die Martin Brecht ausführlich schildert:[3] lebenslange Hämorrhoidalbeschwerden, Verstopfungen, ein Geschwür am Unterschenkel, Kreislaufbeschwerden, Angina pectoris, vor allem Nieren- und Blasensteine und immer wiederkehrende schwere geistliche Anfechtungen. 1527 hatte er gefährliche Ohnmachtsanfälle. Am 2. August selbigen Jahres schrieb er an Melanchthon, dass er Christus fast ganz verloren habe und von Wogen und Stürmen der Verzweiflung und Gotteslästerung umhergeworfen sei. Er findet sich also noch nicht so ohne weiteres gottergeben mit seinem Schicksal ab. 1537, während des Bundestages in Schmalkalden, habe er tagelang wegen Herzbeschwerden und Abgangs eines Blasensteines mit Blutungen an den Verhandlungen nicht teilnehmen können. Zusätzlich sei eine Harnverhaltung eingetreten, die acht Tage andauerte. Man habe ihn ergebnislos mit eigens vom Fürsten gesandten goldenen Steinschneidern und Klistieren malträtiert. Man habe ihn mit Mandeln und mit aus Knoblauch und

Pferdeäpfeln hergestellten Arzneimitteln aus der *»Drecks-apotheke«* behandelt. Sein Zustand sei so kritisch geworden, dass er abreisen musste. Aufgrund seiner starken Schmerzen fürchtete er, den Verstand zu verlieren. Als er aber den vom Kurfürsten bereitgestellten Wagen für den Krankentransport bestieg, hatte er noch so viel Energie, den Umstehenden zuzurufen: *»Der Herr erfülle Euch mit seinem Segen und mit Hass auf den Papst!«* Immerhin! Möglicherweise führten die Erschütterungen auf den holprigen Straßen dazu, dass sich die Harnverhaltung löste. Luther aber war überzeugt, seine Genesung dem unmittelbaren Eingreifen Gottes zu verdanken.

Trotz der vielen Erkrankungen missachtete er die strengen Diätvorschriften der Ärzte und aß, was ihm schmeckte, am liebsten saftiges Schweinefleisch und »reine, gute, gemeine Hausspeise«, gerne mit Bier oder Wein. Von Ärzten hielt er nicht viel, weil sie den eigentlichen Verursacher der Krankheit ignorierten: den Teufel. Glaube und Gebet waren für Luther die höhere Arznei. 1538 erkrankte er an schwerer Ruhr. Gliederschmerzen als Folge der Harnleiden kamen hinzu, bei den heftigen Gichtanfällen wand sich Luther vor Schmerzen. 1541 hatte er einen schweren Ohnmachtsanfall, eine Entzündung der Nasennebenhöhlen mit dem Übergang zu einer Mittelohrentzündung mit eitriger Perforation des Trommelfells. 1543 hielt das Steinleiden an. Dazu wurde auf Weisung des kurfürstlichen Leibarztes eine Wunde am linken Bein künstlich offen gehalten, um so

Schwindel und Kopfweh zu kurieren – natürlich ohne Erfolg. Luther machte für seine Krankheiten das Alter oder die Schläge des Teufels verantwortlich. – So weit die Beschreibung des Krankheitsbildes von Luther durch Martin Brecht.

Nun könnte man ja annehmen, dass Luther sich angesichts dieser Schmerzensorgien die Frage vorgelegt hätte, was das eigentlich für eine Schöpfungsordnung sein solle, die so etwas zuließ. Luther machte für seine Krankheiten die eigenen Sünden mit verantwortlich. Aber was für schlimme Sünden hatte er denn begangen? Die schwersten Sünden, deren er sich in den Augen der Papisten schuldig gemacht hatte – Bruch der Mönchsgelübde, Konkubinat mit einer entlaufenen Nonne, Entweihung der Hostien und Lossagung von Papst und Bischöfen –, waren in seinen und seiner Anhänger Augen Heldentaten im Dienste des Gekreuzigten. Während seines schmalkaldischen fürchterlichen Harnleidens habe er, wie er Melanchthon beichtete, schon mal gegen Gott aufbegehrt, aber denselben natürlich nicht in Frage gestellt, sondern problematisiert, warum Gott zulasse, dass er vom Teufel so geplagt werde. Und er sagte sich, dass Jesus ohne jede Sünde noch viel schlimmere Schmerzen ertragen habe, als die Römer ihn zu Tode folterten.

Wie Paulus war auch er der Meinung, dass man so etwas gar nicht fragen dürfe. Das wäre Blasphemie und schon wieder eine Sünde. Selbst angesichts des Todes unschuldiger Neugeborener und Kinder stellte er Augustinus' Lehre von der Erbsünde nicht in Frage, sondern bejubelte Gottes Größe und Herrlichkeit. Luthers Gott solidarisiert sich nicht wie Jesus mit dem Leid der Menschen, sondern lässt sie darin allein. Dass auch körperlich und geistig Behinderte für Luther Geschöpfe des Teufels – sogenannte Wechselbälger – waren, ist nach lutherischem Denken konsequent.

Luthers unbrauchbare Antwort

Berühmt-berüchtigt ist das »Töpferargument« des Paulus:

> Ja, lieber Mensch, wer bist Du denn,
> dass Du mit Gott rechten willst?
> Spricht auch ein Werk zu seinem Meister:
> Warum machst Du mich so?
> Hat nicht ein Töpfer Macht über den Ton,
> aus demselben Klumpen ein Gefäß
> zu ehrenvollem und ein anderes zu nicht ehrenvollem
> Gebrauch zu machen? (Röm 9,20 f.)

Damit käme Luther heute nicht mehr weit. Er müsste sich jedenfalls der argumentativen Auseinandersetzung stellen, wie der Glaube an einen guten, liebevollen, gerechten Gott vereinbar sein soll mit dem sekündlich gegenwärtigen Leid unschuldiger Menschen. Als der

German-Wings-Airbus 320 am 24. März 2015 an einer Felswand bei Seyne-les-Alpes vom Kopiloten gesteuert zerschellte und 150 Menschen den Tod fanden, hörte man von den Kirchen zunächst zwei Tage lang so gut wie gar nichts. Das war verständlich, denn mit welchem Gottesbild war das schreckliche Geschehen vereinbar? In den darauf folgenden Trauergottesdiensten wurde um Trost und Beistand Gottes für die Hinterbliebenen gebetet und gesagt, Gott stehe an der Seite der Trauernden. Nur Margot Käßmann sprach von der Ohnmacht Gottes. Ein ohnmächtiger Gott? Ein Widerspruch in sich. Und hätten die Hinterbliebenen den Beistand nicht lieber vorher als nachher gehabt? Tausend Fragen und keine Antworten.

Luther müsste sich der ständig wiederkehrenden Frage des französischen Rationalisten Pierre Bayle stellen: »Warum hat Gott das Übel nicht verhindert?« Wie soll er aber argumentieren? »Entweder Gott kann es nicht: dann ist er nicht wirklich allmächtig«, sagt Hans Küng. »Oder er will es nicht: dann ist er nicht gut, gerecht und heilig. Oder er kann nicht und will nicht: dann ist er machtlos und missgünstig zugleich. Oder er kann und will: warum dann aber all die Schlechtigkeit in dieser Welt?«[4] Gibt es dann einen, der mächtiger ist als er, weil das Böse nicht verschwindet? Zu seiner Zeit habe Luther es ausnahmsweise mit Thomas von Aquin gehalten: Gott lässt das Böse zu, den Menschen zur Erziehung und Strafe. Einen solchen Gott müssen Millionen Frauen und Kinder aber als Hohn empfinden, denn sie tun nichts Schlechtes und haben nichts Böses getan. Vor allem das unverschuldete Leid von Kindern lässt sich durch kein Argument rechtfertigen. Was, fragt Hans Küng, sei die den Menschen von Gott geschenkte Freiheit wert, wenn sie zu Monstrositäten führe – man denke nur an Auschwitz, Pol Pot und den IS; Dostojewskis Romanfigur Iwan Karamasow wollte bekanntlich deswegen die »Eintrittskarte« in die Schöpfung zurückgeben.[5] Luthers einfache Erklärung lautet, so etwa in einer seiner Tischreden: *»Gott hätte wohl die Welt mögen ungeschaffen lassen, aber er hat sie geschaffen, um seine Herrlichkeit und Macht zu erweisen. Man soll unsern Gott nicht fragen: Warum hast du das getan?«*[6] Auf gut Deutsch gesagt: Der Mensch soll keine dummen Fragen stellen, dankbar sein für Gottes Güte, das Geschenk von Getreide, Gerste, Bier, Milch, Käse, Butter, Hühnern und Schweinen und der Erlösung von der Sünde. Und den Zorn Gottes fürchten wegen seiner Sünden. – Soll das eine Botschaft für 2017 sein?

Noch mehr Beispiele für einen derartigen »Gotteswahn« nennt Richard Dawkins in seinem gleichnamigen Buch.[7] So waren für manch fromme Männer in Asien nicht tektonische Plattenverschiebungen die Ursache für die Tsunamis von 2004 und 2013 gewesen, sondern die Sünden der Menschen, vom Feiern, Zechen und Tanzen in Kneipen und Bars bis hin zur Übertretung irgendwelcher alberner Sabbatvorschriften. In der Sintflut wurde ja bekanntlich die ganze Menschheit wegen kleiner und größerer Fehltritte von Gott vernichtet mit Ausnahme der Menschen und Tiere, die in die Arche hineinpassten, die Noah gebaut hatte. Als New Orleans 2005 durch den Hurrikan Katrina zerstört wurde, mit schrecklichen Folgen für die dort lebenden Menschen, führte der bekannte amerikanische Fernsehevangelist und ehemalige Präsidentschaftskandidat der Republikaner Pat Robertson den Hurrikan darauf zurück, dass eine prominente lesbische Komikerin sich zufällig gerade in New Orleans aufhielt. Dawkins berichtet auch, dass die Bürger von Dover in Pennsylvania 2005 mehrheitlich für die Abwahl einer ganzen Fraktion von Fundamentalisten in ihrer Schulbehörde stimmten, die die Stadt berüchtigt und sogar lächerlich gemacht hatten, weil sie versuchten, die die Evolutionstheorie negierende Lehre des »Intelligent Design« im Unterricht durchzusetzen. Als Pat Robertson von der Niederlage der Fundamentalisten hörte, ließ er eine Warnung an die Bürgerinnen und Bürger von Dover ergehen: »Eins möchte ich den guten Bürgern von Dover gerne sagen: Wenn in Ihrer Gegend jetzt eine Katastrophe passiert, dann wenden Sie sich bitte nicht an Gott! Sie haben ihn gerade aus Ihrer Stadt verbannt. Also fragen Sie nicht, warum er Ihnen nicht geholfen hat, wenn Ihre Probleme anfangen – und ich sage nicht, dass sie anfangen werden. Aber wenn es passiert, dann denken Sie daran, dass Sie Gott aus Ihrer Stadt abgewählt haben. Wenn es so ist, dann bitten Sie ihn nicht um Hilfe, denn dann ist er vielleicht nicht da.«[8] Ähnliche religiös-fundamentalistische Reaktionen, sogar von

Leuten der Tea Party, gab es bei der Atomkatastrophe von Fukushima und den Tsunamis in Indonesien, Thailand und Sri Lanka.

Luther war um kein Haar besser. Was für eine (im Grunde gotteslästerliche) Vorstellung ist es, wenn er etwa behauptet, Krankheiten seien eine Strafe Gottes und die Pest ein Unheil, das Gott geschickt habe? Der Apostel Johannes berichtet, dass Jesus einen Mann sah, der seit seiner Geburt blind war. Seine Jünger fragten ihn: Rabbi, wer hat gesündigt? Er selbst? Oder haben seine Eltern gesündigt, so dass er blind geboren wurde? Jesus antwortete: Weder er noch seine Eltern haben gesündigt, und er heilte ihn, und zum großen Ärger der Pharisäer heilte er ihn sogar am Sabbat, so dass diese wiederum sagten, er kann nicht von Gott sein, weil er den Sabbat nicht hält (vgl. Joh 9,1-16). Wenn man diese Geschichte liest, wird einem angesichts der blasphemischen Denunzierungen Gottes warm ums Herz, wenn man an Jesus denkt.

Für Luther aber war es blasphemisch, mit Gott rechten zu wollen. Er zumindest scheint kein Problem mit seinem widersprüchlichen Gottesbild zu haben: »*Menschliche Vernunft und Natur kann Gott in seiner Majestät nicht begreifen, darum sollen wir nicht weiter suchen noch forschen, was Gottes Wille, Wesen und Natur sei*«[9], sagte er in einer seiner Tischreden und sprach dort auch »*von der großen närrischen Torheit aller Menschen, dass wir armen Leute über Gottes Wort urteilen wollen, dem wir doch ge-*

horchen und gehorsam sein ... sollten«[10]. Und er war überzeugt: *»Gott ist in allem, auch in den geringsten Kreaturen,
wie Gräslein und Blättlein an Bäumen, anwesend«*; *»Gott
ist an keinen Ort gebunden, er ist auch von keinem aus-
geschlossen; er ist in allen Orten und zugleich nirgends ...
greifbar. An allen Orten ist er, denn er schafft, wirkt und
erhält alle Dinge.«* Er spricht sogar von Gott als einem
»Backofen voller Liebe«.[11]

Aber wenn Gott so existiert, wie Luther und mit ihm die
Mehrheit der evangelischen Theologen glauben, dann
war er auch in Auschwitz, in Hiroshima, in Srebreni-
ca, in den Gräueln der Bauernkriege, die Luther befür-
wortet hatte. Zwar bezeugen tiefgläubige Christen uns
genau das: In Briefen und Kassibern bekräftigen etwa
die vom Volksgerichtshof 1945 zum Tode verurteilten
Helmuth James Graf von Moltke, Alfred Delp, Eugen
Gerstenmaier und Joseph-Ernst Fürst Fugger von Glött
in der Hinrichtungsstätte Plötzensee die Anwesenheit
Gottes in gemeinsamen Gebeten und Bibellektüren.[12]
Aber dennoch bleibt die Frage unbeantwortbar, so
Hans Küng: »Wie konnte Gott in Auschwitz sein, ohne
Auschwitz zu verhindern?«[13] Oder Plötzensee oder den
Dreißigjährigen Krieg oder die Ausrottung der Indianer
in Nordamerika, Verbrechen, an denen ideell und real
auch Christen beteiligt waren.

Hans Küng resümiert seine Antwortsuche auf die
Frage, ob Gott sich rechtfertigen muss für den Pfusch
seiner Schöpfung, so: »Seit Jahrzehnten habe ich mich

mit all den Versuchen der Theodizee in Philosophie und Theologie immer wieder beschäftigt. Und ich bin zu der klaren Überzeugung gekommen: Eine theoretische Antwort auf das Theodizee-Problem gibt es nicht!«[14] Nicht von ungefähr sind alle großen Geister der Menschheitsgeschichte – Aristoteles, Augustinus, Thomas von Aquin, Leibniz, Hegel u. a. – an der Lösung dieses Urproblems gescheitert. Nur Luther, der ja kein Philosoph sein will, hat als Theologe seine Antwort: Das Leid ist Strafe, Sühne für begangene Sünden. Wenn keine zu büßenden Sünden vorhanden sind, dann eben Sühne für die Erbsünde. Das ist die völlig unbrauchbare Antwort für 2017.

Luthers Gottesbild

Luthers Gottesbild ist unklar: Gott ist der gnädige, zornige, leidende, majestätische, allmächtige, wunderbare, gütige, wohltätige, in Wort und Werk sichtbare, sonst aber unsichtbare, unverzichtbare, treue, wahrhaftige, barmherzige, richtende, dreifaltige, Mensch gewordene, von einer Jungfrau geborene, gleichwohl ewige Gott. Ein vermenschlichter, aber verabsolutierter Gott, der auf Bitten und Gebete hört oder auch nicht, der Krankheiten heilt, aber nicht bei jedem, der Luther erleuchtet, aber den Papst mit Blindheit schlägt, die einen durch Christus zum Vater kommen und die anderen »in ihren Sünden sterben und verderben« lässt.[15] Gott zürnt, eifert, straft, übergibt uns den Feinden, schickt uns Pest, Hunger, Schwert und andere Plagen, weil er uns wohl will.[16] Es ist ein Gott, der Leid nicht vernünftig erklärbar macht, aber zur Erziehung und Strafe selber verursacht. Für Luther beginnt nach allem Leid und Sterben erst das eigentliche Leben. Aber wer hat das so eingerichtet? Was für ein Sinn soll darin liegen, das Leben in zwei Teile aufzuspalten, einen ersten für die meisten mit sinnlosen Krankheiten und nicht begründbarem Leid und einen zweiten mit Glück und Seligkeit? Die diesseitige leidvolle und sinnlose Welt wird doch nicht dadurch sinnvoll, dass ihr eines Tages eine andere folgt. Real ist allein die hiesige, die jetzige Welt mit ihren unmenschlichen Bedingungen, die neue, die andere Welt hat noch niemand gesehen. Aber diese andere Welt soll der Ort sein, an dem Verbrechen, Not, Qual und Krankheit, das Böse überhaupt keinen Platz haben, der Himmel. Wenn das so ist, muss es einen Gott geben, der die Verantwortung trägt für beides: die Hölle dieser Erde und den Himmel im Jenseits. Doch damit nicht genug: Gott macht auch, dass es Menschen gibt, die Gottlosen, Unbußfertigen, vom Teufel Besessenen, die nie in das neue paradiesische Leben gelangen, sondern von der Hölle auf Erden in die noch tiefere, noch schrecklichere Hölle gestoßen werden – sagt Luther.

Kapitel IV

Die Alternative

Der halbe Jesus – Glauben oder saufen? –
Nächstenliebe statt liturgisches Brimborium

Der halbe Jesus

Das Große und Befreiende an Luthers Lehre ist:

Der Mensch steht nicht mehr dem rächenden, richtenden, zornigen Gott gegenüber, sondern in Christus dem gnädigen und gütigen Gott.

Der Mensch ist befreit von den Sündenverstrickungen einer skrupulösen Gewissenserforschung, den Fegefeuerinszenierungen und den Höllenszenarien der damaligen Theologie.

Wichtige Teile der katholischen Theologie sind zerstört: Der Mensch steht unmittelbar Gott gegenüber, er braucht keine Vermittlung mehr – die Priesterkirche ist abgeschafft. Jeder Mensch ist Priester.

Luther hat seine Theologie durchgesetzt gegen den unfehlbaren Wahrheitsanspruch der Kurie und den Dogmentempel der katholischen Kirche zu großen Teilen zum Einsturz gebracht. Er hat Jesus (Christus) aus den erstarrten Denkfabriken der aristotelischen Scholastik und den Fängen der Ablassfinanzindustrie und dem damaligen Sündenbabel der vatikanischen Kurie herausgeholt und ihn den Menschen überlebensgroß gezeigt: Jesus als Erlöser von Sünden, Fegefeuer und Hölle.

Aber er hat nur den halben Jesus gezeigt.

Glauben oder saufen?

Der damalige Bischof von Mainz, Kardinal Volk, schleuderte an Weihnachten 1969 den entsetzten Kirchenbesuchern, die sich auf eine friedliche Christmette eingestimmt hatten, den Satz ins Gesicht: »Es gibt nur eine Alternative: entweder glauben oder saufen!« Winzer und Bierbrauer würden ihm wahrscheinlich antworten: Noch besser ist beides. Aber geht auch »weder glauben noch saufen«? Wer nicht glauben kann, ist nicht zum Saufen verurteilt. Man kann wie Luther sein religiöses Leben festmachen an der Rechtfertigung allein durch Glauben und Gnade wie im dritten Kapitel des Römerbriefes (Röm 3,21-31). Das muss man aber nicht. Paulus schreibt an die Korinther und zeigt ihnen noch einen anderen Weg, einen, der alles übersteigt: »Wenn ich mit Menschen- und Engelszungen redete und hätte die Liebe nicht, so wäre ich ein tönendes Erz oder eine klingende Schelle«, und er schließt das Hohelied der Liebe mit den Worten: »Nun aber bleiben Glaube, Hoffnung, Liebe, diese drei; aber die Liebe ist die größte unter ihnen.« (1 Kor 13,1 und 13)

Das ist die zentrale Botschaft von Jesus. Wer nicht glauben kann, dem bleiben Hoffnung und Liebe. Dass jemand nicht glauben kann, ist keine Sünde. Das Gegenteil behaupten nur Islamisten und die päpstliche Inquisition. Aber viele Menschen haben, wenn sie nachdenken, den Wunsch, dass das, woran sie nicht glauben können, dennoch wahr sein möge; die Jesuiten nannten in den Exerzitien dieses Verlangen das »desiderium desiderii«. Die Sehnsucht nach der Sehnsucht der Gottesliebe. Dieser aber gleichwertig ist die Nächstenliebe.

»Wie kann jemand Gott lieben, den er nicht sieht, wenn er seinen Bruder hasst, den er sieht«, steht im ersten Johannesbrief und war einer der Frankfurter Sponti-Sprüche und die Sensation vor 2000 Jahren, wenn wir Matthäus glauben, der von der Reaktion des Publikums auf die ersten Reden von Jesus berichtete: *Kai egeneto hote etelesen ho Jesous tous logous toutous exeplaessonto hoi ochloi* (Mt 7,28). Aus diesem griechischen Urtext-Satz wird in der Vulgata – der lateinischen Bibelübersetzung des mitunter fahrlässigen Übersetzers Hieronymus – und auch in der Einheitsbibel der katholischen und evangelischen Kirche, die sich hier an Hieronymus orientiert, die harmlose Aussage gemacht: »Als sie seine Worte hörten, wunderten sich die Scharen.« *Ekplaessomai* ist aber das Medium von *ekplaesso* = »herausschlagen, erschrecken«, heißt also »sich herausschlagen« bzw. »außer sich geraten«. Matthäus sagt uns folglich, »die Scharen gerieten außer sich«, man könnte auch sagen: Die Leute wurden fast verrückt!

Diese Information gibt es noch an anderen Stellen des Neuen Testamentes, z.B. suchten die Hohen Priester, nachdem Jesus im Tempel die Tische der Geldwechsler umgestürzt hatte, eine Gelegenheit, ihn umzubringen. »Denn sie fürchteten ihn, weil die ganze Menge außer sich geriet wegen seiner Lehre.« (Mk 11,18) Am Ende des Laubhüttenfestes wollten die Hohen Priester Jesus verhaften. Die Polizei kam aber, nachdem sie nach ihm gefahndet hatte, unverrichteter Dinge zurück und antwortete den aufgebrachten Hohen Priestern auf die Frage, warum sie ihn denn nicht hergebracht hätten: »Wir haben ihn gehört. Noch nie hat ein Mensch so gesprochen. Wir haben nicht gewagt, ihn anzufassen.« (Joh 7,44 ff.) Also auch hier Erregung über seine Worte. Als ihm am See Genezareth gleich am Anfang die Leute massenweise nachliefen, wollten ihn sogar seine eigenen Familienangehörigen gefangen nehmen und mit Gewalt aus dem Verkehr ziehen, weil sie glaubten, er sei verrückt geworden (Mk 3,20 ff.). Die Schriftgelehrten, die von Jerusalem an den See gekommen waren, behaupteten, er sei pervers und vom Teufel besessen. Es muss also etwas Neues, etwas Großartiges, etwas Umwerfendes an Jesu Botschaft gewesen sein – anders ist die Reaktion der Leute ja nicht zu erklären.

Aus den Berichten der Evangelisten geht hervor, dass die sogenannte Bergpredigt der Auslöser für die Erregung und Begeisterung war, die die Menschen erfasst hatten. Was war das Umstürzende dieser Rede? Jesus stellte darin alles auf den Kopf, was in der damaligen römisch-hellenistisch-jüdischen Gedankenwelt und Gesellschaft Geltung hatte, und verkündete eine radikal neue Ordnung des Zusammenlebens der Menschen. Für seine Zeitgenossen war das eine Verheißung, für manche allerdings auch ein unfassbarer Skandal. Nietzsche nannte diese Botschaft einen »Sklavenaufstand in der Moral«.[1]

Zunächst stellte Jesus die Ordnung der Werte auf den Kopf: Selig sind die Armen, die Trauernden, die Gewaltlosen, die hungern und dürsten nach Gerechtigkeit, die Barmherzigen, die ein reines Herz haben, die Frieden stiften, die verfolgt werden (vgl. Mt 5,3-11). Das hieß mit anderen Worten: Nicht der ist ein glücklicher und guter Mensch, auch in den Augen Gottes, der Ansehen genießt, unfähig zu trauern oder stärker als andere ist, Reichtümer besitzt, Macht ausübt, über Rang und Titel verfügt, für seine Ziele über Leichen geht. Gerade umgekehrt ist es richtig. So würden wir es vielleicht heute formulieren: Selig sind, die sich nicht überheben, die Mitleid haben mit Unglücklichen, die sich für die Gerechtigkeit einsetzen, die für den Frieden arbeiten, die barmherzig sind.

Dann folgte der eigentlich revolutionäre Satz, der für immer die christliche Botschaft kennzeichnet: »Ihr habt gehört, dass gesagt worden ist: Du sollst deinen Nächsten lieben und deinen Feind hassen. Ich aber sage euch: Liebet eure Feinde und betet für die, die euch verfolgen.« (Mt 5,43 f.) Und: »Wenn du deine Opfergabe zum Altar bringst und dir dabei einfällt, dass dein Bruder etwas gegen dich hat, so lass deine Gabe dort vor dem Altar liegen; geh und versöhne dich zuerst mit deinem Bruder, dann komm und opfere deine Gaben.« (Mt 5,23 f.)

Jesus macht drei große Schritte über das Alte Testament hinaus. Die Gebote der Nächstenliebe und der Gottesliebe waren im Alten Testament noch getrennt. Jetzt aber erhöht er das Gebot der Nächstenliebe auf die Ebene des Gebotes, Gott zu lieben: »Kein anderes Gebot ist größer als diese beiden.« (Mk 12,31) Der zweite Schritt besteht in der Radikalisierung der Botschaft: »Liebet eure Feinde.« Der dritte Schritt führt die Gottes- und Nächstenliebe zu einer unauflöslichen Einheit zusammen: Gottes- und Nächstenliebe stehen in einem kausalen Zusammenhang, ohneeinander sind sie nichts, denn man kann Gott nicht lieben, wenn man seinen Bruder hasst. Und in der Geschichte vom barmherzigen Samariter erklärt Jesus definitiv, wer der Nächste ist.

Die Pharisäer schickten einen der ihren zu Jesus mit der Frage: »Wer ist denn mein Nächster?« (Lk 10,29). Die Pharisäer wollten wissen, ob der Nächste für Jesus derselbe sei wie für sie, die nämlich die Nächstenliebe einschränkten auf die Volksgenossen und diejenigen, die Gastrecht hatten. Als Antwort erzählte Jesus zunächst die Geschichte aus dem Wadi el Kelt, von der Adummim-Steige, der Blutsteige, der Schlucht, die herabzieht von Jerusalem nach Jericho, wo ein Jude überfallen, ausgeraubt und halb totgeschlagen wird (vgl. Lk 10,25-35).

Der Priester kommt vom Tempel herunter und läuft vorbei, genauso der Levit, und dann, so Jesus, kommt der Mann aus Samaria, ein Feind in den Augen der Juden, ein Apostat, ein Renegat, der für die rechtgläubigen Juden schlimmer war als die Heiden. Der versorgte den Verletzten medizinisch, brachte ihn ins nächste Hotel und gab dem Wirt noch Geld, damit er sich um ihn kümmere. Und dann erst stellte Jesus die Gegenfrage. Er fragte nicht das, was wir normalerweise fragen würden, ob der Verwundete der Nächste sei. Er fragte den Pharisäer, wer von den dreien nun der Nächste für den Überfallenen gewesen sei. Der Pharisäer musste notgedrungen gestehen, obwohl es ihn wahrscheinlich fast umbrachte: der Mann aus Samaria.

Das heißt aber, dass wir alle – Pastoren, Priester, Laien, Politiker und Minister, Arbeitnehmer und Unternehmer – die Nächsten sind für diejenigen, die in Not geraten. Wir müssen nicht die ganze Welt lieben, aber wir müssen denen helfen, die in Not sind. Die Nächstenliebe ist eine Pflicht. Neoliberale und die selige Maggie Thatcher, die im letzten Fünftel ihres Lebens gefüttert werden musste, nannten sie Gefühlsduselei und Gutmenschentum. Nächstenliebe und solidarisches Handeln geben dem menschlichen Leben einen Sinn. Denn wenn ich schon die Frage nicht beantworten kann, ob es ein zweites Leben gibt, dann kann ich mich dafür einsetzen mit meinen Kräften, dass es den Menschen in dem jetzigen Leben immer besser geht. Dies müsste die zentrale und wichtigste Botschaft beider Kirchen an die Menschen sein.

Nächstenliebe statt liturgisches Brimborium

Leider sieht es nicht danach aus, als ob die Kirchen hier umdenken wollten. Stattdessen widmen sie sich lieber der Liturgie, dem Gottesdienst, dem Beten und der Kirchenmusik. Das ist zwar bequem und macht sogar Spaß, wenn man musikalisch ist, aber es ist nur die Hälfte der Wahrheit. Jesus hat eine sinnvolle Botschaft hinterlassen, die gewaltigste, die größte, die schönste Botschaft. Jesus hat auch die Liebe zu Gott gepredigt, aber die Nächstenliebe war ihm genauso wichtig.

Etwas vom Auffälligsten in Luthers Leben ist seine ständige Empfehlung des Gebets, er betet in allen Lebenslagen oder hat ein Gebet parat für andere, auch wenn es offensichtlich nicht die geringste Wirkung hat und nichts hilft, weder bei seinen Nieren- und Blasensteinen noch bei der Pest noch bei Juden und Türken noch bei der Dummheit der Päpste und Kardinäle – egal, Gott wird es richten.

Diese Hilflosigkeit erleben alle Menschen, und sie haben, um darauf zu antworten, nur drei Möglichkeiten: Entweder sie lassen alles laufen, oder sie resignieren, oder sie versuchen, ihrem Leben und dem anderer dadurch einen Sinn zu geben, dass sie den Pfusch dieser Welt selber beseitigen, indem sie Notleidenden helfen, Forschung betreiben, umweltverträgliche und energiesparende Techniken entwickeln sowie Medikamente und Therapien, um Krankheiten zu heilen, mit einem Wort: die Lebensbedingungen der Menschen verbessern. Das kann jeder, in der Familie, in der Gemeinde, in der Politik, in Wissenschaft und Kunst. Die Pharmaindustrie ist mehr wert als 100 000 Prozessionen und Wallfahrten. Schmerzen lindern, Diktatoren bekämpfen, Folterer bestrafen, all das, was Gott offensichtlich nicht tut, aber tun müsste, wenn es ihn gäbe, all das tun, was auch Jesus täte, das ist Aufgabe aller Menschen und müsste die Predigt der Kirchen sein. Keiner muss an Gott glauben oder die Evangelien als Botschaft Jesu Christi akzeptieren. Wer sich jedoch auf Gott beruft, sich Christ nennt oder das Adjektiv »christlich« im Namen seiner Partei verwendet, dessen Worte und Taten müssen sich an den Werten und Aussagen seines Glaubens und seiner Religion messen lassen. Dies gilt nicht nur für evangelische und katholische Christen, sondern ganz genauso für Muslime und Anhänger anderer Religionen.[2]

George Bernanos schreibt in seinem Buch »Die Sonne Satans«: »Die Frau ist ein Versprechen, das nicht gehalten werden kann.« – Die Zahl der von Männern enttäuschten Frauen ist vermutlich weitaus größer. Wie oft wurden wohl in der Geschichte der Menschheit im

Namen Gottes oder Allahs oder Jesu Christi politische Versprechen geweckt und nicht gehalten? In Luthers Augen haben sich dessen auch Päpste, Kardinäle und Erzbischöfe schuldig gemacht.

Unzählige Politgangster begingen und begehen ihre Verbrechen im Namen Gottes, von den Kreuzfahrern, Großinquisitoren und Hexenverbrennern über die islamischen Terroristen bis hin zu den Mullahs, die Ehebrecherinnen bis über die Hüfte im Sand eingraben und steinigen lassen. Es ist Vorsicht geboten, wenn Staatsmänner und andere Politiker, Medienzare oder Ajatollahs jeglicher Couleur den Namen Gottes im Mund oder in ihren Programmen führen, denn tatsächlich haben die meisten von ihnen damit gar nichts im Sinn. Sie sind die modernen Schriftgelehrten, vor denen schon Jesus warnte, »denn sie reden zwar, handeln aber nicht danach. Sie binden schwere und unerträgliche Lasten und legen sie auf die Schultern der Menschen; selber aber wollen sie keinen Finger rühren« (Mt 23,3-4). Politik wird aber auch ohne und gegen Gott gemacht, man denke nur an Hitler, Stalin, Pol Pot, Karadžić mit all ihren Schergen und Folterknechten sowie andere Sadisten, die ihre Gefangenen etwa mit Vorschlaghämmern liquidieren oder vom Hubschrauber aus in aktive Vulkane werfen.

Aber seit circa 4000 Jahren gibt es Menschen, die an Gott glauben, für die das Wort Gottes gilt und die danach leben: die Kinder Israels, griechische Philosophen, die Jünger Jesu, Brahmanen, buddhistische Mönche, Staatsmänner wie Thomas Morus oder Mahatma Gandhi, einfache Priester und Nonnen, die Blutzeugen in den Konzentrationslagern, Pazifisten – und nicht wenige überzeugte Demokraten. Allein in den Konzentrationslagern, Folterkammern und Gefängnissen des 20. Jahrhunderts hat sich das Schicksal des Thomas Morus, eines englischen Zeitgenossen Luthers, der nach einem rechtswidrigen Hochverratsprozess 1535 enthauptet wurde, unzählige Male wiederholt.

Auch heute, am Anfang des 21. Jahrhunderts, werden auf der Erde Milliarden von Menschen aufgrund ihres Glaubens und Gewissens oder ihres Geschlechts, ihrer Rasse und ethnischen Zugehörigkeit unterdrückt, gefoltert, getötet oder müssen arm, arbeitslos oder in Sklaverei leben. Hilft ihnen ein Gott? Sie alle könnten sich aber leicht mit Jesus identifizieren. Jesus als Diener, der anderen die Füße wäscht, oder als Verbrecher, der nichts verbrochen hat, am Kreuz – in der kapitalistischen Welt des »Shareholder-Value« mit ihren gesellschaftlichen Leitbildern Erfolg, Dividende, Konsum, Rang und Titel wirkt Jesus gänzlich fremd und deplatziert und sein Appell zum Dienen absurd: Sein Denken und Handeln stellten die damals wie auch heute gültigen Werte und Maßstäbe auf den Kopf. Die Kirchen sollten ihm radikal nachfolgen. Aber dafür müssen sie sich endlich bewegen.

Kapitel V

Von der theologischen Reform zur politischen Revolution

Der sprachgewaltige und mediengewandte
Luther – Luther und die Renaissancepäpste –
Das Finanzierungssystem – Weitere innerkirchliche
Missstände – Das Erzübel: die Kurie – Luther
und der 1. Tag des Papstes Franziskus – Der
charismatische Luther

Die geschichtlich interessante Frage besteht darin, warum aus Luthers Reform der Theologie eine politische Revolution entstanden ist, die zwar nicht von ihm angeführt wurde, aber eben die Folge seiner Theologiereform war. Nun hatten schon andere vor ihm, z. B. Johannes Hus, ähnliche theologische Reformen formuliert und waren dafür verbrannt worden. Luther wurde nicht verbrannt, sondern zu einer geschichtlichen Gestalt, die mit ihrer Theologie und den Folgen die damalige Welt veränderte. Was waren die Gründe? Es waren vor allem die Erfindung der Buchdruckerkunst, die Übersetzung der Bibel ins Deutsche und mit beiden verbunden die Möglichkeit massenwirksamer Medienpolitik. Ferner die Sehnsucht vieler Menschen nach Erlösung von der kirchlich geschürten Sündenangst, der moralische Verfall der alten Kirche und ihre Verfilzung mit der damaligen »Finanzindustrie«. Ebenso der Widerstand vor allem der deutschen Fürsten und Adligen gegen die Abhängigkeit von Rom. Schließlich die charismatische und sprachgewaltige Gestalt Martin Luthers.

Der sprachgewaltige und mediengewandte Luther

Seine Schriften und seine Übersetzungen des Neuen und Alten Testamentes, die sich dank des modernen Buchdrucks rasant verbreiteten, wurden in ganz Deutschland zu Bestsellern. Allein in Wittenberg erschienen zu Luthers Lebzeiten insgesamt 91 Drucke von Bibeln oder Teilen derselben, darunter 21 Ausgaben des Neuen Testaments und elf Vollbibeln. Dazu kamen 2053 Teil- oder Gesamtausgaben, die an anderen Orten gedruckt wurden und ihrerseits wesentlich zur Verbreitung der Luther-Bibel beitrugen. Luther übersetzte in der Regel nicht aus der Vulgata des notorischen Falschübersetzers Hieronymus, der die griechische Septuaginta zugrunde lag, sondern er übersetzte direkt aus dem Hebräischen und Griechischen. Da er »dem Volk aufs Maul schauen« wollte, benutzte er dessen Sprache. Eine Menge Begriffe, die wir inzwischen wie selbstverständlich auch in der Umgangssprache verwenden, verdanken sich seinem Vokabular: Feuertaufe, Bluthund, Selbstverleugnung, Machtwort, Schandfleck, Lückenbüßer, Gewissensbisse, Lästermaul und Lockvogel. Auch viele metaphorische Redewendungen stammen aus seiner Feder, etwa so anschauliche Formulierungen wie »Perlen vor die Säue werfen«, »ein Buch mit sieben Siegeln«, »die Zähne zu- sammenbeißen«, »etwas ausposaunen«, »im Dunkeln tappen«, »ein Herz und eine Seele«, »auf Sand bauen«, »der Wolf im Schafspelz« oder auch »der große Unbe- kannte«.

Jede gute Rede lebt von Geschichten und Metaphern. Ein schönes Beispiel ist Luthers Spott über das von der Kirche empfohlene keusche Zusammenleben von Haushälterin und Pfarrer in seinem Schreiben »An den christlichen Adel deutscher Nation« (siehe Kapitel IV, S. 127 f.).

Luther war ein sehr guter Rhetoriker – als Student an der Erfurter Artistenakademie hatte er ja vor seinem Eintritt ins Kloster vier Jahre lang u. a. Grammatik, Rhetorik und Dialektik studiert –, und er sprach die Menschen auf vielen verschiedenen Ebenen an. Er schrieb und predigte in gutem, deutlichem Deutsch, und vor allem nutzte er Kirchenlieder – Musik war seinerzeit auch Teil seines Studiums der »sieben freien Künste« gewesen – für die Verbreitung seiner Theologie. Möglicherweise waren die Kirchenlieder damals in Verbindung mit dem Buchdruck die modernen Medien, die er am überzeugendsten einzusetzen wusste, und sie waren auch am beliebtesten, weil sie am wenigsten polemisch waren. Mit seinen Liedern erreichte er die Herzen aller Menschen – nicht nur der lesekundigen! – und berührte sie auf einer emotionalen und sinnlichen Ebene. Die Reformation war eine Angelegenheit des gesprochenen und gesungenen Wortes.[1] Manche Kirchenlieder waren geradezu genial. Man nehme nur das berühmte Lied, das auch Nichtprotestanten begeistern kann, wenn sie an Gott glauben:

Ein feste Burg ist unser Gott,
ein gute Wehr und Waffen.
Er hilft uns frei aus aller Not,
die uns jetzt hat betroffen.
Der altböse Feind,
mit Ernst er's jetzt meint:
groß Macht und viel List,

sein grausam Rüstung ist,
auf Erd ist nicht seinsgleichen.

Mit unser Macht ist nichts getan,
wir sind gar bald verloren,
es streit für uns der rechte Mann,
den Gott hat selbst erkoren.
Fragst du, wer der ist?
Er heißt Jesu Christ …

Und wenn die Welt voll Teufel wär
und wollt uns gar verschlingen,
so fürchten wir uns nicht so sehr,
es soll uns doch gelingen …

Das Wort sie sollen lassen stahn
und kein Dank dazu haben:
er ist bei uns wohl auf dem Plan
mit seinem Geist und Gaben.
Nehmen sie den Leib,
Gut, Ehr, Kind und Weib,
lass fahren dahin,
sie haben's kein Gewinn,
das Reich muss uns doch bleiben.

Luthers Lieder und seine Bibel sind eine bewusste Abkehr
von der ganzen Bürokraten- und Theologensprache. Er
fabrizierte keine Wortungetüme, was ja im Deutschen
durch die Bildung zusammengesetzter Hauptwörter

leicht möglich ist, sondern reihte einfach Wort für Wort kurz und prägnant aneinander.

Kurzum: Luthers Bibelübersetzung hat die deutsche Sprache revolutioniert und bildete die Grundlage für die Entwicklung des Hochdeutschen. Er schuf damit auch ein überragendes Stück Literatur, das für Jahrhunderte stilbildend blieb.

Mit der Sprache war Luther ein scharfes Schwert in die Hand gelegt, und er wusste es zu führen. Seine Polemik gegen den Papst steigerte sich kontinuierlich und gipfelte kurz vor seinem Tod in seiner wohl härtesten Streitschrift »Wider das Bapsttum zu Rom vom Teuffel gestifft« (1545). Für ihn ist der Papst nicht mehr der Heilige Vater, *»sondern der Höllische Vater, sagt nicht mehr Euer Heiligkeit, sondern Euer Höllischeit«*.[2] Ein freies christliches deutsches Konzil sei dem Papst und dem römischen Hofe nichts als *»eitel Gift, Tod, Teufel und die Hölle«*. Die Kurie ist für ihn eine *»Bubenschule«* und eine Ansammlung von *»Hermaphroditen«*, der Papst ein *»spitzbübischer Rotwelsch«* oder gar *»ein schändlicher Lecker von Pferdedreck«*. Die Leute am Hofe des Antichrists und den Papst selbst nennt er *»Kaisermörder, verzweifelte durchtriebene Erzspitzbuben, Mörder, Verräter, Lügner und die rechte Grundsuppe aller bösesten Menschen auf Erden«*, die sich auch noch mit dem Namen Christi schmückten. Und die Kirchen seien voll *»mit den allerärgsten Teufeln in der Hölle, dass sie nichts denn eitel Teufel* *ausspeien, schmeißen und schnäuzen können«.*[3] Über den Gesandten Kardinal Cajetan urteilt er etwas eleganter: Er verstehe von der Sache so viel wie der Esel vom Lauteschlagen.

Luther hatte auch keine Ehrfurcht vor Fürsten- und Königsthronen. Er nannte den englischen König Heinrich VIII. den *»Lügenkönig von Engeland«*, die Fürsten von Braunschweig und Sachsen *»Meuchler, Teufel, Hanswurste und Erzlügner«*. Universitätsgelehrte, die nicht seiner Meinung waren, bezeichnete er als *»Sauprofessoren«*. Er konnte auch ganz witzig sein und verballhornte die Namen seiner Kontrahenten, Johannes Kochläus etwa war für ihn eine *»arme Schneck«*, abwechselnd ein *»schmutziger Kochlöffel«* oder *»Dr. Rotzleffel«*, und von dem schlesischen Spiritualisten Kaspar von Schwenckfeld sprach er mit Vorliebe als *»Stenckefeld«*. Ein theologischer Gegner, Hieronymus Emser, hatte in seinem Wappen einen Steinbock, und Luther nannte ihn deswegen in allen Auseinandersetzungen nur *»Bock Emser«.*[4]

Luther führte sein Schwert aber nicht nur in der politischen Arena: Er scheute auch nicht davor zurück, die Bibel in der Übersetzung zu manipulieren und andere Akzente hineinzubringen, die seine eigene Auslegung stützten. Er orientierte seine Übersetzung an den Inhalten seiner Rechtfertigungslehre und hat an entscheidenden Stellen den Sinn zugespitzt. So heißt es im Römerbrief, dass der Mensch gerecht werde »durch Glauben, unabhängig von

Werken des Gesetzes« (Röm 3,28). In Luthers Version aber findet sich noch das Wörtchen »allein«, so dass es bei ihm heißt: »ohne des Gesetzes Werke, allein durch den Glauben«. Das ist ein souveränes, man kann auch sagen willkürliches Umgehen mit der Schrift. Zudem ordnete er die einzelnen Evangelien und apostolischen Briefe nach seinem Gusto ein. Den Hebräerbrief, den Jakobus- und Judasbrief stufte er als zweitrangig ein, denn diese Teile des Evangeliums passten nicht in seine Rechtfertigungstheologie. Für ihn waren das Evangelium des Johannes, die Briefe des Paulus, hier vor allem der an die Römer, und der erste Petrusbrief *»der rechte Kern und Mark unter allen Büchern«*. Er bezeichnete den Jakobusbrief als eine *»recht stroherne Epistel«*. Dem Römerbrief schickte er eine Vorrede voraus und erklärte die Grundbegriffe Gesetz, Sünde, Gnade, Glaube, Gerechtigkeit in seinem Sinne.[5]

Das heißt aber, dass er nach 1500 Jahren Kirchengeschichte und Bibelinterpretation von Hunderten Kirchenvätern, Päpsten, Bischöfen, heiligmäßigen Männern und Frauen entschied, was hineingehörte und was nicht. Das war eines der Hauptargumente gegen ihn auf dem Reichstag in Worms. Er ging darauf aber nicht ein, womit er den Reichstag natürlich nicht überzeugte. In dieser definitiven Auslegung der Bibel durch ihn war von Anfang an der Wurm drin. Aber mit seinen Kritikern wollte er darüber nicht reden. Seinen Leuten, Melanchthon usw., empfahl er, den katholischen Kritikern etwa der oben angeführten Römer-Übersetzung einfach zu erklären: *»Luther will's so haben und spricht, er sei ein Doktor über alle Doktoren im ganzen Papsttum. Da soll's bei bleiben.«*[6]

Luther und die Renaissancepäpste

Wie sollte einer, der einerseits so selbstbewusst die Bibel auslegte, andererseits dermaßen von seiner persönlichen Sündhaftigkeit umgetrieben wurde, dem Treiben der Kirche ungerührt zuschauen? Die »Schande der Renaissancepäpste« und andere kirchliche Missstände waren ja offenbar und empörten viele Menschen zutiefst. Girolamo Savonarola klagte schon Ende des 15. Jahrhunderts:

»Die Schändlichkeit fängt in Rom an und geht durch das Ganze … Fang nur von Rom an, und du wirst finden, dass sie alle ihre geistlichen Pfründen durch Simonie gewonnen haben … Die Huren gehen öffentlich zu St. Peter, jeder Priester hat seine Konkubine. Sie haben die Kirche zu einem ›Haus der Schande‹ gemacht: Was tut die feile Dirne? Sie sitzt auf dem Stuhl, sagt Salomo, und lockt alle heran; wer Geld hat, geht hinein und kann tun, was ihm gefällt; wer das Gute will, wird fortgejagt.«[7]

Luther hätte Ähnliches bezeugen können:[8]

1484. Im Jahr nach Luthers Geburt wurde der Bischof von Molfetta Giovanni Battista Cibo zum Papst Innozenz VIII. gewählt. Damit begann der unheilvollste Abschnitt der päpstlichen Geschichte, der in Luthers Reformation überging und innerhalb der katholischen Kirche zu bleibenden historischen und theologischen Verletzungen und Irrtümern führen sollte.

Innozenz' Wahl kam hauptsächlich durch die Bestechung von Guiliano della Rovere zustande, dem Neffen des Vorgängerpapstes Sixtus, der später selber als Julius II. Papst werden sollte. Innozenz VIII. war verantwortlich für den Beginn der systematischen Hexenverfolgung durch die Bulle »Summis desiderantes affectibus« und des daraufhin drei Jahre später in Deutschland veröffentlichten »Hexenhammers« (»Malleus Maleficarum«); bis in das 18. Jahrhundert hinein wurden mindestens 60 000 Frauen nach unmenschlichen Folterungen auf dem Scheiterhaufen verbrannt. Für seine aufwendige Hofhaltung mussten die Tiara und Teile des Kronschatzes verpfändet werden. Er hinterließ sechzehn Kinder, acht Jungen und acht Mädchen.

1492. Als Luther neun Jahre alt war, wurde Rodrigo Borgia zum Papst Alexander VI. gewählt. In seinen 37 Jahren als Kardinal hatte er ein Riesenvermögen angehäuft und war mit 30 Bistümern einer der reichsten Männer Europas. Vor seinem Pontifikat hatte er 20 Jahre mit seiner Geliebten Vanozza de' Cattanei zusammengelebt, die ihm vier Kinder schenkte: Juan Borgia, Cesare Borgia, Lucrezia Borgia und Jofré Borgia. Außerdem existierten mindestens sechs weitere Kinder mit anderen

Frauen, u. a. mit Giulia Farnese, genannt »La Bella«, die schon im zarten Alter von 15 Jahren die Geliebte des späteren Papstes wurde. Ihr älterer Bruder Alessandro wurde von Alexander VI. zum Kardinal ernannt und wiederum später als Paul III. zum Papst gewählt und erwies sich in diesem Amt als einer der härtesten Kämpfer gegen die Reformation. 1492 ließ Alexander die Ehe seiner Tochter Lucrezia annullieren, damit sie Giovanni Sforza heiraten konnte, denn die Familie Sforza hatte hohe Bestechungsgelder für Alexanders Wahl bezahlt. Lucrezia galt als eine der schönsten Frauen ihrer Zeit und beflügelte die Phantasie von unzähligen Dichtern, Schriftstellern, Malern und Bildhauern. Alexander VI. war es auch, der 1495 den Bußprediger Savonarola, der die innerkirchlichen Missstände wie oben zitiert aufs Schärfste geißelte, auf dem Scheiterhaufen verbrennen ließ, nachdem dieser sich durch das Angebot der Kardinalswürde nicht hatte bestechen lassen. Nach weiteren familiären Kardinalsernennungen, aber auch kriegerischen Auseinandersetzungen zwischen ihm und der Familie Sforza wurde Alexander im Sommer 1503 das Opfer einer in Rom grassierenden Masseninfektion, des römischen Fiebers. Bedingt durch die Hitze war Alexanders Leichnam so stark aufgedunsen, in den Worten John Cornwells »ein zischender, aufbrechender Kadaver«,[9] dass er kaum in den Sarg hineinpasste.

1503. Luther war 20 Jahre alt und seit September 1502 Baccalaureus der Universität Erfurt (wo er 1504 die Magisterprüfung bestand), als Giuliano della Rovere – der bereits erwähnte Neffe von Papst Sixtus – zum Papst Julius II. gewählt wurde. Zuvor war er Bischof von insgesamt zwölf Bistümern in Frankreich und Italien gewesen – ein Amt, das er bei allen sehr kurz und offensichtlich nur zu dem Zweck ausübte, sie zu sammeln und gegen Stimmen bei der Papstwahl zu tauschen. Aus diesen Diözesen flossen außerdem große Einkommen, die Giuliano für die Errichtung vieler Paläste ausgab.

Julius II. war Vater von drei Töchtern. Er ließ den Sohn Alexanders VI. Cesare Borgia verhaften und enteignen – alle Ländereien und Ämter, die Alexander ihm verschafft hatte, fielen an den Vatikan zurück. 1506 begründete er die päpstliche Leibwache, die Schweizergarde, und am 18. April des gleichen Jahres legte er den Grundstein des neuen Petersdomes, der die größte Kirche der Welt werden sollte. Er holte sich die besten Künstler, die es in Europa gab: Michelangelo, der auch das Deckengewölbe der Sixtinischen Kapelle ausmalte, und Raffael, der in den Privatgemächern im Vatikanpalast die Decken gestaltete und Porträts anfertigte. Die Gesamtleitung wurde dem Architekten Donato Bramante übertragen. Unter Julius wurde Rom im Prinzip neu erfunden, komplett neu geplant und mit dem Vatikan eine Stadt in der Stadt geschaffen. Julius ließ auch eine eigene Münze für den Vatikan entwerfen, mit deren Prägung er die Hausbank des Vatikans, die Fugger-Bank, beauftragte. Er betrieb Machtpolitik, verbündete sich mit Deutschland und Frankreich gegen Sizilien und vor allem Venedig, anschließend vertrieb er die Franzosen aus Italien und gründete dafür eine »Heilige Liga« mit Deutschland, der Republik Venedig und König Ferdinand II. von Aragon.

In den Regierungsjahren von Julius II. bis zu seinem Tod 1513 wurde Luther erst Mönch, dann katholischer Priester, dann Doktor der Theologie und bekam als solcher den Lehrstuhl für Bibelauslegung in Wittenberg. Er durchlitt seine Krisen und besuchte Rom, vermutlich im Jahr 1511.[10] Diese für ihn längste und weiteste Reise wurde zu einem einschneidenden Erlebnis. Rom nahm bei ihm auch später noch einen Ehrenrang ein, weil dort die Apostel Petrus und Paulus, viele Päpste und Hunderttausende Märtyrer ihr Blut vergossen und Welt und Hölle überwunden hätten. Er rutschte auf den Knien die Stufen des Lateranpalastes hoch und holte sich den damit verbundenen vollkommenen Ablass für seinen Großvater Heine. Sein Vorhaben, in Rom die dritte Generalbeichte abzulegen, fiel nicht zu seiner Befriedigung aus; laut Martin Brecht geriet er an gänzlich ungelehrte Leute, die dieser Aufgabe überhaupt nicht gewachsen waren. Trotz seiner Verehrungshaltung blieben ihm die kirchlichen Missstände nicht verborgen: »Er sah die heruntergekommenen reichen Klöster, die nunmehr als Pfründen an Kardinäle vergeben waren. Er sah den Luxus der Kardinalspaläste und hörte einiges von der herrschenden Sittenlosigkeit, nicht zuletzt von dem schlechten Ruf Alexanders VI., des Vorgängers des jetzigen Papstes Julius II. Ihn und die Kardinäle bekam er nicht zu Gesicht. Der päpstliche Hofstaat befand sich wegen eines Kriegszugs gerade in Bologna.«[11]

1513 wurde der 38-jährige Florentiner Giovanni de' Medici Papst unter dem Namen Leo X. Er war bereits mit sieben Jahren nicht nur Mönch, sondern auch Protonotar geworden, was ihm erste Einkünfte verschaffte. Weitere Pfründen bekam er von der herzoglichen Verwandtschaft aus ganz Italien, so dass der siebenjährige Junge bereits über ein höheres Einkommen verfügte als die meisten erwachsenen Kardinäle seiner Zeit. Mit 14 Jahren wurde er in den Kardinalsrang erhoben und nahm drei Jahre später, also mit 17 Jahren, an seinem ersten Konklave teil, wo er natürlich für seinen Schwager stimmte. 1513 wurde er dann selbst Papst, er musste aber vorher noch zum Priester geweiht werden; Kardinal war er ja schon seit seinem 14. Lebensjahr gewesen.

Leo X. trieb den Bau der Peterskirche weiter voran, und der Ablasshandel nahm einen großen Aufschwung zugunsten des Bankhauses Fugger und des Vatikans. Während seines Pontifikats verkündete Luther seine 95 Thesen, und die katholische Kirche schickte sich an, Asien und Amerika für die christliche Religion zu erobern. Im Vatikan nahm man daher das »Mönchsgezänk« aus Wittenberg zunächst nicht so ernst und feierte lieber wie jedes Jahr den Karneval in der Engelsburg. Schon damals waren die Tage zwischen Faschingssonntag und Faschingsdienstag das beliebteste Fest der Römer(innen).

Das Finanzierungssystem

Auch gegen diese Zustände richtete sich der lutherische Protest, dem sich in Deutschland viele anschlossen, unter ihnen ein wichtiger Fürst, nämlich der sächsische Kurfürst Friedrich der Weise. Verurteilt wurde vor allem der Ablasshandel zugunsten der Finanzierung des Petersdomes und des päpstlichen Hofes. Der Widerstand der deutschen Fürsten war aber aus eigenem Interesse motiviert, denn fast alle hatten ihre Ablässe, z. B. in Wittenberg durch die dortige Reliquienverehrung (Daumen der heiligen Anna etc.).

Luther konnte das Finanzierungssystem nicht durchschauen, schreibt der Lutherbiograph Heinz Schilling – dessen Darstellung ich hier folge –, weil es nur einem kleinen Kreis bekannt war.[12]

Der Jubiläumsablass, von Julius II. bereits Anfang des Jahrhunderts verkündet und im März 1515 von seinem Nachfolger Leo X. erneuert, trug die Handschrift der damaligen Zeit: »Gewinnmaximierung, Verrechnung der Bußleistungen in Geld und die rationale, kampagnenhaft-strategische Durchführung«. Jeder der Beteiligten sollte davon profitieren – von den vielen Ablasspredigern mit ihrem strategischen Anführer Johannes Tetzel über den Primas von Deutschland Albrecht von Brandenburg, Erzbischof von Mainz, und dessen Augsburger Kreditgeber vom Hause Fugger bis hin zum

Papst. Aufgrund dieser Gewinnbeteiligung mussten aber gigantische Summen erwirtschaftet werden, damit ein kleiner Anteil schließlich in Rom landen konnte. Dabei war, so Schilling, »der Geldfluss noch ganz selbstverständlich mit religiösen Konnotationen des christlichen Heils verbunden, wie das bereits bei den *Montes pietatis*, den christlichen Geldleihinstituten der oberitalienischen Städte der Fall war, die christliches Erbarmen und Kapitalgeschäfte vereinten«.

Diese strukturelle Verbindung zerschlug Luther, als er darauf bestand, dass Gott nicht mit sich handeln lasse und das Seelenheil nicht mit Geld zu kaufen sei. Damit stellte er nicht nur die Religion, sondern auch die Geldgeschäfte auf eine neue, ja neuzeitliche Grundlage. Gerade die Unkenntnis dieser Zusammenhänge ermöglichte aber Luther, so Schilling weiter, »mit jener arglosen Wucht und Geradlinigkeit zu denken und zu handeln, die jeden unvoreingenommenen Betrachter noch heute beeindruckt«. Nach seinem Bruch mit Rom sah er in dem kapitalistischen Finanzgebaren der Kurie nur noch Teufelswerk. Auch der in Deutschland aufkommende Handelskapitalismus war unvereinbar mit seiner Herkunft und seinen Mönchsidealen und wurde von ihm deshalb abgelehnt.[13]

Luther, dem es ja einzig um das Seelenheil ging, traf 1517 mit seiner Ablasskritik also, sicherlich viel stärker, als ihm das bewusst war, die finanziellen Grundfesten von Kirche, Politik und Wirtschaft. Vom Papst aufgefordert, nach Rom zu kommen und zu widerrufen, weigerte er sich. Im daraufhin nach Augsburg verlagerten römischen Prozess verkündete er, standhaft zu bleiben, wenn er nicht aus der Bibel widerlegt würde. Seiner Verhaftung als Häretiker entzog er sich – geschützt von Friedrich dem Weisen – durch die Flucht. Als er das ihm auferlegte Schweigen im Disput mit Johannes Eck, dem mit dem Ablassprediger Tetzel befreundeten Theologen, brach, erging 1520 die päpstliche Bannbulle. Luthers Verbrennung dieser Bulle (als Reaktion auf die Verbrennung seiner eigenen Schriften) führte 1521 zu seiner Exkommunikation durch Leo X., der im gleichen Jahr überraschend starb. Die Reichsacht, mittels derer Luther für vogelfrei erklärt wurde, folgte stehenden Fußes, weil er auch auf dem Reichstag zu Worms nicht widerrief – sein berühmter Ausspruch: »Hier stehe ich und kann nicht anders«, ist aber historisch nicht belegt. Vielmehr erklärte er, dass *»mein Gewissen in den Worten Gottes gefangen ist, ich kann und will nichts widerrufen, weil es gefährlich und unmöglich ist, etwas gegen das Gewissen zu tun. Gott helfe mir. Amen.«*[14] Plötzlich hatte sich innenpolitisch in Deutschland die Welt verändert.

Weitere innerkirchliche Missstände

Es waren aber nicht nur die missbräuchlichen Ablass-
praktiken, die Anstoß erregten. Um die Situation in
der katholischen Kirche zu Luthers Zeiten zu begreifen,
muss man sich vorstellen, es hätte damals nicht einen
Tebartz-van Elst, sondern Tausende von Rom bis weit
nach Deutschland hinein gegeben. Landauf, landab war
als Folge des unseligen Zölibats zudem das Zusammenleben der Geistlichkeit mit Konkubinen bekannt, die
dann in Erfurt mit »Frau Probst« oder »Frau Dekan«
angeredet wurden, darunter die Frauen des ehemaligen
Probstes an der Marienkirche in Erfurt und späteren Bischofs von Konstanz Hugo von Hohenlandenberg. Um
diese Zustände zu beenden, geißelte Luther nicht die
Betroffenen, sondern forderte sie vielmehr unverhohlen
dazu auf, sich über das unchristliche Eheverbot der Kirche hinwegzusetzen. Luther schrieb »An den christlichen
Adel deutscher Nation« (1520):

*Man findt manchen frommen pfarrer, dem sonst niemand
kein tadel geben mag, denn dass er gebrechlich ist und mit
einem weib zuschanden worden, welche doch beide also gesinnet sind in ihres herzen grund, dass sie gerne wollten
immer bei einander bleiben in rechter ehelicher treu, wenn
sie nur das möchten mit gutem gewissen thun, ob sie auch
gleich die schand müssen öffentlich tragen, die zwei sind
gewisslich vor gott ehelich. Und hier sag ich, dass wo sie so
gesinnet sind und also in ein leben kommen, dass sie nur ihr*

gewissen frisch erretten, er nehm sie zum ehelichen weib,
behalt sie, und leb sonst redlich mit ihr, wie ein ehelich
mann, unangesehen, ob das der Bapst will oder nicht will,
es sei wider geistlich oder fleischlich gesetz. Es liegt mehr an
deiner seelen seligkeit, denn an den tyrannischen, eigenge-
waltigen, freventlichen gesetzen, die zur seligkeit nicht not
sind, noch von gott geboten, und sollt eben thun als die Kin-
der von Israel, die den Ägyptern stahlen ihren verdienten
lohn, oder wie ein knecht seinem böswilligen herrn seinen
verdienten lohn stahl, also stiehl auch dem Bapst dein ehe-
lich weib und kind.[15]

Im offenen Konflikt mit Rom sah Luther umso deut-
licher die Profanisierung des Gottesdienstes, den Missbrauch der Kirchengüter und der Festtage zu lasterhaf-
tem Tun und Treiben. Man solle, schreibt Luther 1520,
»die Kirchweihe ganz austilgen, weil sie nicht anders sei
denn rechte Tavernen, Jahrmärkte und Spielhöfe worden,
nur zur Mehrung von Gottes Unehre und der Seelen Un-
seligkeit«.[16] Sündhaftes Verhalten wie Saufen, Prassen,
Neid, Ehebruch oder gar die Leugnung des Kreuzes sei
an der Tagesordnung. Auch die geistlichen Fürsten ver-
schonte er nicht mit Kritik, sondern prangerte ihren auf-
wendigen und egoistischen, ja gottlosen Lebenswandel
an. Selbst die an sich karitativen Spitäler seien auf Gewinn aus.[17]

Das Erzübel: die Kurie

Es liegt auf der Hand, dass durch den sittlichen Zerfall des Papsttums unter den genannten Renaissancepäpsten – ungeachtet ihrer überragenden künstlerischen Bedeutung – die Reformation und die Abwendung vom Papsttum auf eine breite Resonanz der gläubigen Christen stoßen mussten, denn kein vernünftiger und gerecht denkender Mensch konnte die mit diesen Päpsten verbundenen Skandale und finanziellen Ausbeutereien akzeptieren.

Es war – wie heute auch, siehe Vatikan-Bank, Bischöfliche Stühle, Kirchensteuern – die »unheilige Verbindung von frühmoderner Finanztechnik und Seelsorge«,[18] die den Ablass in Misskredit brachte. Was den renommiersüchtigen Renaissancepäpsten aufgrund ihres hohen Geldbedarfs wie ein Gottesgeschenk vorkam, barg also im Kern bereits den Sprengsatz, der die Einheit der Kirche zerstören und den mittelalterlichen Praktiken ein Ende bereiten sollte. Die Lunte war in Wittenberg gezündet worden.

Schon vor Luther gab es z. B. in Böhmen und in Spanien starke Bestrebungen, die Kirche zu reformieren. Sie scheiterten aber an dem damaligen Erzübel, das auch heute noch das Erzübel ist und das schon Leos Nachfolger, der holländische Papst Hadrian VI., auf dem Reichstag in Nürnberg 1523, also zwei Jahre nach dem berühmten Wormser Reichstag, durch seinen Nuntius Francesco Chieregati als das Kernproblem der auch von ihm als notwendig erachteten Erneuerung der Kirche benannte: die Kurie. Den Reichsständen ließ er durch seinen Nuntius versprechen, »dass als Erstes diese Kurie, von der das ganze Übel ausgegangen ist, reformiert wird, damit sie in gleicher Weise, wie sie zum Verderben der Untergebenen Anlass geboten hat, nun auch ihre Genesung und Reform bewirkt. Dazu fühlen Wir Uns umso mehr verpflichtet, als Wir sehen, dass die ganze Welt eine solche Reform sehnlichst begehrt.«[19] Aber Hadrian, ein konservativer und harter Papst, der zwei Ordensbrüder und Anhänger Luthers 1523 in Brüssel als erste Märtyrer der Reformation verbrennen ließ, scheiterte wie viele seiner Nachfolger bis Benedikt XVI. in seinen Reformbemühungen an ebendieser Kurie.

Als Papst Franziskus 528 Jahre später eine Art Regierungskommission von acht Mitgliedern unter dem Vorsitz von Oscar Kardinal Rodríguez Maradiaga, Erzbischof von Tegucigalpa in Honduras, benannte, der kein einziger Kurienkardinal angehörte, war dies für Alberto Meloni, Professor für christliche Geschichte an der Universität von Modena, »der wichtigste Schritt in der Kirchengeschichte der letzten zehn Jahrhunderte«.[20]

Franziskus hatte offenbar klar erkannt, dass die Kurie über ein Jahrtausend Versuchen widerstanden hat, den Vatikan von innen heraus zu reformieren. Die Reform musste von außen kommen, von der Weltkirche. Die Kurie war und ist in der Hand vor allem italienischer Kardinäle und Prälaten, die viel Zeit haben, ihre Arbeit nicht auf die Kirche Jesu, sondern auf die Verfestigung ihrer Machtstrukturen zu konzentrieren. Als Johannes XXIII. gefragt wurde, wie viele Leute im Vatikan arbeiteten, antwortete er: »ungefähr die Hälfte«.[21] Es sind im Inzuchtverfahren ausgewählte kirchliche Beamte mit jahrhundertealter Tradition, die kein Parlament, keinen parlamentarischen Untersuchungsausschuss, keinen Rechnungshof und keine Rechnungsprüfungsämter fürchten müssen.

Die Geschichte des Papsttums seit dem Mittelalter zwingt heute dazu, sich grundsätzlich Gedanken darüber zu machen, ob die Methode der Papstwahl durch Kardinäle überhaupt richtig sein kann. Seit der Wahl von Sixtus IV., der selber aus einer armen ligurischen Familie stammte, lag die Wahl der Päpste bis zu dem Medici-Papst Clemens VII. in den Händen von zwei bzw. drei römischen Familien, die durch Bestechung und Nepotismus die Wahl bestimmten. Man kann auch die Frage stellen, ob bei dem heutigen Wahlverfahren regelmäßig die gescheitesten und fähigsten der zur Verfügung stehenden Kandidaten gewählt werden. Diese scheinen eher Ausnahmen in der Kirchengeschichte zu sein, oft setzten sich unfähige durch, was sich z. B. in der Gestalt von Clemens XIII., der den Jesuitenorden 1773 auf Druck der Bourbonen verbot, oder in der Gestalt des Syllabus- und Unfehlbarkeitspapstes Pius IX. besonders eindrucksvoll manifestiert. Das Papstwahlverfahren sollte endlich ersetzt werden durch die Bischofswahl, wie sie von den meisten Theologen und wahrscheinlich auch der überwältigenden Mehrheit der gläubigen Katholiken befürwortet wird.

Luther und der 1. Tag des Papstes Franziskus

Renaissanceskandale sind heute – Tebartz-van Elst lässt nur von ganz fern grüßen – in der katholischen Kirche nicht vorhanden und auch nicht zu erwarten. Dennoch ist die Mentalität des Byzantinismus in der Kurie sowie bei vielen Bischöfen und Kardinälen, darunter bei den Vorgängern von Franziskus, vorhanden.

Unabhängig vom Verlauf und Ergebnis des Pontifikats von Papst Franziskus ist es interessant, welche geistlichen und kirchlichen Gemeinsamkeiten zwischen dem Reformator Luther und der neuen Führung der katholischen Kirche plötzlich in Erscheinung treten.

Als das letzte Konklave stattfand, befand ich mich auf einem Umweltsymposion in Berlin, und ich hatte mein Büro gebeten, mir das Ergebnis per SMS mitzuteilen. Abends gegen 19 Uhr konnte ich dann auf dem Display lesen: »Ist Jesuit, heißt Franziskus.« Ich glaubte meinen Augen nicht zu trauen: ein Mitglied jenes Reformordens, aus dessen Reihen noch niemals ein Papst hervorgegangen, ja der von vielen Päpsten verfolgt, mitunter sogar verboten worden war? Ein Papst zudem, der sich qua Namenswahl erstmals bewusst in die Nachfolge des Armutspredigers Franz von Assisi stellte? Ich dachte, da wird durch einen römischen Journalisten die ganze Welt verschaukelt. Aber es war die Realität.

Schon bei seiner Amtseinführung, wie Paul Vallely und andere sie schildern, setzte Franziskus Zeichen.[22] Im Umkleidebereich neben der Sixtinischen Kapelle wird jeder neu gewählte Papst vom päpstlichen Zeremonienmeister empfangen, um entsprechend neu eingekleidet zu werden. Hierfür sind Papstgewänder in drei verschiedenen Größen auf einer Stange aufgereiht, und rote Papstschuhe stehen in fünf verschiedenen Größen in mit Seidenpapier ausgeschlagenen Kartons bereit. Dem neuen Papst wird zu den Papstgewändern vom Zeremonienmeister das mit Hermelinfell besetzte traditionelle festliche Schultermäntelchen aus rotem Samt – die Mozetta – gereicht. Papst Benedikt XVI. war ein Fan dieser Papstmoden. Er trug gerne violette Chormäntel, blaue Messgewänder und zur Frühlingssaison eine pilzartige weiße Oster-Mozetta, wie man sie seit den Tagen von Papst Paul VI. nicht mehr gesehen hatte. Benedikt XVI. entdeckte auch das gestreifte päpstliche Schultergewand wieder, das man als Fanon kennt, und eine, wie Paul Vallely schreibt, etwas groteske Mütze, genannt Camauro, die ins 12. Jahrhundert zurückdatiert.[23]

Luther thematisierte das Problem schon vor 500 Jahren in seinem Schreiben »An den christlichen Adel deutscher Nation« (1522):

Zum ersten ists gräulich und erschrecklich anzusehen, dass der oberste in der Christenheit, der sich Christi Vicarium [Stellvertreter] und sanct Peters nachfolger rühmet, so weltlich und prächtig fährt, dass ihn darin kein könig, kein kaiser mag erlangen und gleich werden, und in dem, der allerheiligst und geistlichst sich lässt nennen, weltlicher wesen ist, denn die Welt selber ist. Er trägt eine dreifaltig kron, wo die höchsten könige nur eine kron tragen: gleicht sich das mit dem armen Christo und sanct Peter, so ists ein neues gleichen. Man plärret, es sei ketzerisch, wo man dawider redet, man will aber auch nicht hören, wie unchristlich und ungöttlich solch wesen sei. Ich halt aber, wenn er mit tränen beten sollt vor gott, er müsste erst solch kronen ablegen, die weil unser gott keinen hoffart mag leiden. Nun sollt sein amt nichts anders sein, denn täglich weinen und beten für die Christenheit, und ein exempel aller demut vortragen.[24]

Als der neugewählte Papst in den Einkleideraum zum päpstlichen Zeremonienmeister Monsignore Guido Marini geführt wurde, reichte ihm dieser die hermelinbesetzte Mozetta. Franziskus soll zu ihm gesagt haben: »Nein danke, Monsignore, die Faschingszeit ist vorbei.« Er sagte wohl eher, ich möchte lieber nicht. Er lehnte auch das mit Juwelen besetzte goldene Pektoralkreuz ab und hängte sich ein einfaches zinnfarbenes schwärzliches

Kreuz um, das er getragen hatte, seit er Bischof in Argentinien war. Ebenso wies er die päpstlichen Manschettenknöpfe zurück. Als ihm die roten Schuhe präsentiert wurden, schaute er auf seine schäbigen schwarzen Schuhe hinunter. »Diese sind mir recht«, meinte er.[25]

Luther informierte den deutschen Adel in dem erwähnten Schreiben wie folgt:

Aber unsere schmeichler habens so hoch bracht, und uns einen abgott gemacht, dass niemand sich so fürcht vor gott, niemand ihn mit solchen Gebärden ehret, als den Bapst. Das können sie wohl leiden, aber gar nicht, so des Bapsts pracht ein haarbreit wird abgebrochen.[26] ...

Es sei wie ihm wolle, so ist eine solche pracht ärgerlich, und der bapst bei seiner seel seligkeit schuldig, sie abzulegen, darum dass sanct Paul sagt: Enthaltet euch aller gebärden, die da ärgerlich sind, ... nicht allein vor gottes augen, sondern auch vor allen menschen. Es wäre dem Bapst genug eine gemeine bischofskron, mit kunst und heiligkeit sollt er größer sein vor andern, und die kron der hoffart dem Endchrist lassen, wie da gethan haben seine vorfahren vor etlich hundert jahren.[27]

Inzwischen versammelten sich die Kardinäle in der Sala Clementina, um dem neuen Papst traditionsgemäß ihre Glückwünsche zu überbringen und die Treue zu schwören. Mit seiner Weigerung, dafür auf dem Papstthron Platz zu nehmen, brach Franziskus einen jahrhundertealten Brauch, der noch aus einer Zeit stammte, als sich das Papsttum auf einer Stufe mit der kaiserlichen Macht befand und sich weltlicher Insignien wie der von Luther heftig kritisierten byzantinischen Tiara mit drei Kronreifen bediente sowie den höchsten heidnischen Ehrentitel Pontifex Maximus übernahm. Franziskus stand auch nicht auf einem Podest, als die Kardinalskollegen an ihn herantraten, sondern empfing sie einer nach dem anderen auf Augenhöhe. Offensichtlich wollte er auf diese Weise demonstrieren, dass das alte Modell der autokratischen Feudalmonarchie ausgedient habe. Er verstand sich gleich am Anfang als Erster unter Gleichen und sprach die Kardinäle auch nicht an als »Herren Kardinäle«, sondern mit »Brüder Kardinäle«. Er verwehrte ihnen, vor ihm niederzuknien, um seinen Ring zu küssen. Als einer es trotzdem tat, kniete er selbst ebenfalls nieder und küsste den Ring des Mannes, um ihm damit die Ehre zu erweisen.

Als er sich dem Volk auf dem Petersplatz zeigte, begrüßte er die dort Wartenden mit »buona sera« (»guten Abend«) und scherzte sodann: »Ihr wisst, es war die Aufgabe des Konklaves, Rom einen Bischof zu geben. Es scheint, meine Brüder Kardinäle sind fast bis ans Ende der Welt gegangen, um ihn zu holen.« Er verzichtete auf jedes Brimborium und auf den ausführlichen feierlichen Segen. Stattdessen bat er die versammelten Menschen, mit ihm zusammen zu beten. Der frühere Ordensmeister der Dominikaner Pater Timothy Radcliffe gab zu Protokoll, dass Franziskus damit eine tausend Jahre währende Papstmonarchie untergrabe. Es war der Anfang der Reform der Kurie, aber auch der Verschiebung des Bildes der Kirche. Am Ende schloss Franziskus mit den schlichten Worten: »Brüder und Schwestern, ich verabschiede mich von euch. Vielen Dank für den Empfang. Betet für mich und bis bald. Wir sehen uns bald. Gute Nacht und angenehme Ruhe.«[28]

Noch einmal Luther in »An den christlichen Adel deutscher Nation«:

Zum andern, so der ein lehen hat oder überkommt, der des Bapsts oder der Cardinäle gesinde ist, oder so er zuvor ein Lehen hat, und darnach des bapsts oder Cardinals gesinde wird. Nun, wer mag des bapsts und der Cardinäle gesinde zählen, so der Bapst, wenn er nur spazieren reitet, bei drei oder vier tausend maultierreiter um sich hat, trotz allen kaisern und königen? Denn Christus und sanct Peter gingen zu fuß, auf dass ihre statthalter desto mehr zu prachten und prangen hätten. Nun hat der geiz weiter sich erklüget und schafft, dass auch heraußen viel den namen haben bäpstlichen gesindes wie zu Rom, dass nur in allen orten das bloß schalkhaftige wörtlein Bapstsgesinde alle lehen an den Römischen stuhl bringen und ewiglich haften lässt. Sind das nicht verdrießliche, teuflische ränke? Sehen wir zu, so soll Mainz, Magdeburg, Halberstadt gar fein gen Rom kommen, und das Cardinalat teuer genug bezahlet werden. Darnach wollen wir alle deutschen Bischöfe zu Cardinälen machen, dass nichts heraußen bleibe.[29]

Alles war an diesem Abend neu. Denn auch nach seinem ersten Auftritt ließ Franziskus die offizielle päpstliche Limousine mit dem Kennzeichen SCV 1 (für Stato della Città del Vaticano) einfach stehen und fuhr stattdessen gemeinsam mit den Kardinälen in einem Minibus zurück zur Casa Santa Marta. »Wir sind zusammen gekommen und wir gehen zusammen«, lautete seine Begründung. Am nächsten Morgen verließ er um 5.45 Uhr sein Zimmer in schwarzem Pullover, schwarzer Hose und schwarzen Schuhen und ging zur Kapelle des vatikanischen Gästehauses. Die Sicherheitsleute waren verwirrt und überlegten, ob er vergessen habe, dass er Papst sei. Er fuhr dann mit einem normalen Auto in die Basilika von Santa Maria Maggiore und betete am Altar, an dem der Gründer des Jesuitenordens, der heilige Ignatius von Loyola, seine erste Messe gefeiert hatte.

Auf dem Weg zurück ließ er an dem Domus Internationalis Paulus VI, der Herberge für ausländische Kleriker, in der auch er vor dem Konklave zwei Wochen lang gewohnt hatte, anhalten, trat an den Tresen der Rezeption und bedankte sich bei allen Angestellten für ihre Freundlichkeit während seines dortigen Aufenthaltes. Anschließend wollte er die Rechnung mit seiner Kreditkarte begleichen. »Und vergessen Sie nicht die Telefonate.«[30]

Als Franziskus vom Hotel in den Vatikan zurückkam, wurden ihm die Schlüssel zu den päpstlichen Appartements im apostolischen Palast neben dem Petersdom übergeben. Darin untergebracht sind Büros für den Pontifex und zwei Privatsekretäre, eine Kapelle und die Wohnbereiche für den Papst, seine Sekretäre und das Haushaltspersonal – unter seinem Vorgänger Benedikt sorgten vier geweihte Frauen aus der Laienbewegung Comunione e Liberazione für die Bewirtschaftung. Nachdem Franziskus sich umgeschaut hatte, erklärte er, hier sei ja Platz für 300 Personen. Er brauche alle diese Räume nicht. Das Vatikanpersonal war schockiert.[31]

Luther sah im damaligen Rom ein ähnliches Problem:

Nun aber ist ein solch gewurm und geschwurm in dem Rom, und alles sich bäpstisch rühmet, dass zu Babylonien nicht ein solch wesen gewesen ist. Es sind mehr denn drei tausend Bapstschreiber allein, wer will die andern amtsleut zählen, so der ämter so viel sind, dass man sie kaum zählen kann?[32]

Für seine im Fernsehen auf dem ganzen Globus übertragene Amtseinführung vor 100 000 Leuten und einer Vielzahl von hochrangigen Regierungsvertretern aus der ganzen Welt wählte Franziskus eine Mitra und ein Messgewand, das er aus Buenos Aires mitgebracht hatte. Dazu trug er einen alten Fischerring aus vergoldetem Silber, der einem Sekretär Papst Pauls VI. gehört hatte – die Ringe all seiner Vorgänger waren stets aus reinem Gold gewesen. Sein Amtsabzeichen, das Pallium, ein wollenes, um den Hals getragenes Band, war aus zweiter Hand. Außerdem kürzte er die Liturgie und entschied sich für eine einfache und schlichte musikalische Begleitung, auch darin ganz anders als sein Vorgänger Benedikt XVI.[33]

Gleich am ersten Morgen hielt er in der 7-Uhr-Frühmesse eine seiner später gefürchteten Stegreifreden und offenbarte etwas, was er mit Luther gemeinsam hat, als er nämlich jene warnte, die nicht glaubten, dass es sich beim Bösen genauso wie beim Guten um eine personale Macht handele: »Wer nicht zu Gott betet, betet zum Teufel.« Oder er beklagte, dass manche Priester zu »einer Art Antiquitäten- oder Neuheitensammler werden«, statt Hirten zu sein, die den »Geruch der Schafe« annehmen.[34]

Natürlich stieß Franziskus bei den rechtskonservativen Traditionalisten auf Widerstand. Sie unterstelltem ihm Protestantismus. Das südamerikanische Oberhaupt der von Marcel Lefebvre gegründeten Priesterbruderschaft St. Pius X., Christian Bouchacourt, warf Franziskus vor, seine militante Demut demütige die ganze Kirche. Sein Stil sei ihrer unwürdig. Der Generalobere der Piusbruderschaft, Bischof Bernard Fellay, beschuldigte Franziskus, die ohnehin desaströse Situation der katholischen Kirche noch »10 000-mal schlimmer« zu machen; er habe den Fallschirm abgeschnitten und eine Rakete gezündet, um den freien Fall zu beschleunigen. Und er verstieg sich zu der Behauptung: »Wenn der derzeitige Papst so weitermacht, wie er begonnen hat, spaltet er die Kirche.«[35]

Der charismatische Luther

Aber etwas ist auch klar: Ohne die charismatische Persönlichkeit Luthers, ohne die suggestive Kraft seiner Worte und seine einfache verführerische Sprache hätte er seine Theologie nicht durchsetzen können. Der Leipziger Gräzist und Humanist Peter Mosellanus entwirft von Luther ein eindrucksvolles Porträt:

»Martin ist mittlerer Leibeslänge, hager von Sorgen und Studieren, so dass man fast die Knochen durch die Haut zählen könnte, noch in männlichem und frischem Alter, und klarer, durchdringender Stimme. Er ist aber voller Gelehrsamkeit und vortrefflicher Wissenschaft der Schrift, so dass er gleichsam alles an Fingern herzählen kann. Griechisch und Hebräisch weiß er so viel, dass er über die Auslegungen urteilen kann. Es fehlt ihm auch nicht an Sachen, denn es ist ein großer Wald oder Vorrat von Worten und Sachen bei ihm zu finden. Seinem Leben und seinen Sitten nach ist er sehr höflich und freundlich, und hat nichts Sauertöpfisches noch Strenges (stoicum) an sich; ja, er kann sich in alle Zeiten schicken. In Gesellschaft ist er lustig, scherzhaft, lebhaft und immer freudig, immer muntern und fröhlichen Gesichts, ob ihm die Widersacher noch so sehr drohen, dass man schwerlich denken kann, dass der Mann ohne Gott solche wichtigen Dinge vornehme. Aber den einigen Fehler tadeln alle an ihm, dass er im Bestrafen etwas zu frech und beißig sei, mehr als einem, der in der Theologie einen neuen Weg geht ... sicher, oder einem Gottesgelehrten anständig ist.«[36]

Mosellanus hat diese Beschreibung Luthers kurz vor dessen Disputation mit Johannes Eck in Leipzig verfasst. Er selbst war als Rektor der Universität sozusagen der Schirmherr der Veranstaltung und hat zu Beginn der Disputation die einleitende Rede gehalten. Seine Beschreibung des Kontrahenten Eck fiel weniger günstig aus. Aber wir haben nicht nur das Zeitzeugnis von Mosellanus, sondern auch andere Beschreibungen.

Luther hat nach Auffassung der meisten Zeugen, die bei der Disputation anwesend waren, den Streit mit Eck nicht gewonnen, weil, wie Luther selber sagt, Eck statt über die Gnade und die Rechtfertigung über den Papstgehorsam redete. Ein Thema, das an der inhaltlichen Auseinandersetzung natürlich zunächst mal vorbeiging. Luther machte trotzdem einen großen Eindruck. Im Übrigen offensichtlich auch bei den Vorlesungen. Den Studenten Georg Benedicti aus Lübeck beeindruckte die geistige Präsenz Luthers, und er bemerkte dazu: »Wenn ihn auch noch so grimmige Feinde des Evangeliums gehört hatten, so bekannten sie unter der Gewalt des Gehörten, dass sie keinen Menschen, sondern einen Geist vernommen hätten. Er könne so staunenerregende Dinge nicht aus sich selbst lehren, sondern nur unter der Einwirkung eines guten oder eines bösen Geistes.«[37]

Luther war eine charismatische Persönlichkeit, der sich kaum einer seiner Hörer entziehen konnte. Der Wittenberger Student Albert Bürer schildert Luther wie folgt: »Wer ihn einmal gehört hat, wünscht, auch wenn er kein Sachse wäre, ihn immer wieder zu hören, einen solchen Eindruck weckt er im Geist der Hörer.«[38]

Die Entourage des Kaisers anlässlich des Reichstags sah dies verständlicherweise etwas anders. Luther wurde sicherheitshalber »gleichsam wie ein Dieb« durch einen Nebeneingang in den Saal geführt. Augenzeugen zufolge machte er ein fröhliches Gesicht und bewegte sogar – in Anwesenheit des Kaisers! – den Kopf hin und her, wagte also, sich im Saal umzuschauen. Doch damit nicht genug: Er erkannte den vorne stehenden Konrad Peutinger aus Augsburg und sprach ihn in Anwesenheit des Kaisers, der versammelten Fürsten und Reichsstände an, wechselte mit ihm also ein paar freundliche Sätze. Vielleicht sagte er zu ihm »Hallo Alter! Was machst denn du hier?« oder irgendetwas Ähnliches. So würde es wahrscheinlich heute sein. Der Erbmarschall Pappenheim erteilte ihm daraufhin einen Verweis.

Aus dem kaiserlichen Umfeld ist folgende Beschreibung überliefert: »40 Jahre alt, etwas darüber oder darunter, derb von Körperbau und Antlitz, mit nicht besonders guten Augen, die Mienen beweglich, die er leichtfertig wechselte. Er trug als Kleidung ein Gewand des Augustinerordens mit seinem Ledergürtel, die Tonsur groß und frisch geschoren, das Haupthaar verschnitten, und zwar weiter als das gewöhnliche Verhältnis ist.«[39] Der kaiserliche Gesandte Aleander, der den Kontakt mit Luther schon früher aufgenommen hatte, aber beim Reichstagsverhör selber nicht anwesend war, referiert jedoch aus dem Umkreis des Kaisers, dass dieser sofort beim Anblick Luthers geäußert habe: »Der soll mich nicht zum Ketzer machen.«[40]

Offenbar war dem feinsinnigen, eleganten, vornehmen Kaiser die Gestalt Luthers nicht sehr sympathisch. Ganz im Gegensatz dazu stand die Begeisterung, die Luther auf seiner Reise von Wittenberg nach Worms entgegenwogte. Er und seine Idee hatten eine unglaubliche Anziehungskraft auf die Masse der Menschen.

Die Stimmung in Europa um 1500 in der Bevölkerung zumindest der deutschen Länder beschreibt Diarmaid MacCulloch als eine Mischung aus gespannter Erwartungshaltung und extremer Zukunftsangst, ähnlich der Situation von heute. Menschen aus allen sozialen Schichten lebten in einem Gefühl der Unsicherheit und in der Furcht vor dramatischen Veränderungen. Sie hatten schreckliche Angst vor den Türken. Sie waren der Überzeugung, dass Gott ihnen den Sultan geschickt hatte, um ihnen seinen Zorn zu offenbaren und das Ende aller Tage anzukündigen. Sie waren also auf den Auftritt eines christlichen Propheten des Jüngsten Tages vorbereitet. Manche glaubten, dieser Prophet werde ein Papst sein. Andere hielten nun Luther für einen solchen, und Luther sah und nannte sich selber auch so. Ohne sein persönliches Genie und seine Leidenschaft lässt sich die Reformation nicht erklären.[41]

Luthers Persönlichkeit strahlte über Wittenberg hinaus. Der Kurfürst hatte mit der Entscheidung, Wittenberg zu einer Universitätsstadt zu machen, Luther eine Plattform geboten, die dazu führte, dass von überall her gescheite Professoren, aber auch junge Leute eben nicht nach Nürnberg oder nach Erfurt gingen, sondern nach Wittenberg. Darunter sein wahrhaftig so zu nennender Freund Philipp Melanchthon, aber auch Karlstadt (Andreas Bodenstein), der später sein Feind wurde. Neben Nürnberg war Wittenberg das Zentrum der damaligen Malerei mit dem großen Atelier von Lucas Cranach dem Älteren, von dem mehrere Lutherporträts existieren; auf einem der eindrucksvollsten sieht man den Reformator mit Mönchskutte, aber ohne Tonsur, wie er eine Hand auf die Bibel, die andere aufs Herz legt. Der Lutherbiograph Martin Brecht gibt eine überzeugende Interpretation des Bildes: »Der fest geschlossene Mund und die angedeutete steile Stirnfalte verraten eine intensive Gesammeltheit, die auffallend lebendigen Augen sind auf ein festes, vielleicht etwas entferntes Objekt gerichtet.

Der, den der Maler hier festgehalten hat, ist kein fanatischer Eiferer, schon gar kein gewiefter Taktiker, aber ganz und gar erfüllt von dem, was ihm aufgetragen ist.«[42] Alle Zeitgenossen bewunderten seine dunklen, leuchtenden Augen, die offenbar alles zu durchdringen schienen.

Kapitel VI

Luther und die Frauen

Der frauen- und ehefreundliche Luther –
Wojtyla und Luther: Sünde auch in der Ehe –
Die Sexualethik der katholischen Kirche –
Die unheilvolle Rolle des Paulus – Luthers
Frauenbild und menschenfreundliche
Ehetheologie – Frauen als Bischöfinnen – Maria
Magdalena – Die »ianua diaboli« – Häusliche
Gewalt und Ehescheidung – Sakramente und
wiederverheiratete Geschiedene – Zölibat –
Priesternot überall – Wider die weltweite
Diskriminierung der Frauen – Philipp von Hessen,
die Bigamie und der Sexmissbrauch – Luther
und die Missbrauchsfälle – Hexen – Teufel
und Intoleranz – Heilige

Der frauen- und ehefreundliche Luther

Neun junge Nonnen hatten sich schriftlich an Luther gewandt mit der Bitte, er möge ihre Flucht aus dem Zisterzienserinnenkloster Marienthron unterstützen, darunter auch seine spätere Frau Katharina von Bora. Luther hatte ihnen in der Nacht zum Ostersonntag 1523 einen Wagen geschickt und sie mit Hilfe des Fuhrunternehmers und Ratsherrn Leonhard Koppe nach Wittenberg transportieren lassen. Anschließend bemühte er sich um ihre Verheiratung. Das war alles andere als eine ungefährliche Sache. Denn wer auch nur eine einzige Nonne entführte, wurde gepfählt und anschließend bei lebendigem Leib verbrannt.[1] Luther hingegen sah Koppe als Werkzeug einer göttlichen Befreiungstat. Natürlich sei Koppe ein Räuber, aber ein »seliger Räuber« wie Christus, als er in die Hölle einbrach.[2]

Luther wollte viel Publizität für diesen Fall, um ein Beispiel zu geben. Die adligen und bürgerlichen Angehörigen von Nonnen sollten zur Nachahmung ermutigt werden. Die Mädchen hatten in den Klöstern durch erzwungene Gelübde ein oft unerträgliches Schicksal. Luther sagte, die Keuschheit sei nicht die eigentliche Bestimmung der Frau, vielmehr solle die Frau Kinder haben.[3] Es ist gar keine Frage, dass die Reformation zu einer grundlegenden Veränderung der Situation der Frauen, vor allem in der Kirche, aber auch langfristig in der Gesellschaft geführt hat. Luthers neues Bild von

Frauen und Ehe war für die damalige Zeit beispielhaft und hat seine Popularität gesteigert und der Durchsetzung seiner Theologie genutzt.

Luther hatte als Mönch das Gelübde der Keuschheit abgelegt. Aber die Einhaltung des Keuschheitsgelübdes sei für ihn kein Problem, meinte er. Auf den Vorwurf der Katholiken, er habe die Reformation nur gemacht, um heiraten zu können, antwortete er mit dem Spottvers *»O wie druckt den Mönch die Kutte, wie gern hätte er ein Weib«* und persiflierte sich selber, indem er sagte: *»Ich hoff, … dass ich von Gottes Gnaden bleiben werde wie ich bin.«*[4] Die Mönchsgelübde und die Nonnengelübde waren für ihn hinfällig, da sie dazu dienen sollten, sich das Heil zu erwerben, gehörten also zu den theologisch unerwünschten, gotteswidrigen und verfluchten »Werken«, die es abzuschaffen galt. Damit setzte er eine große Lawine in Bewegung, und die Auflösung des Zölibats und der Mönchsgelübde hatten eine wahre Flut von Klosteraustritten zur Folge, aber konsequenterweise eben auch immer mehr Heiraten von Priestern und Nonnen.

Schon in seiner Schrift »An den christlichen Adel« hatte Luther die Absurdität des Eheverbots für Priester dargestellt und das auch heute stillschweigend geduldete Zusammenleben von Pfarrern und Haushälterinnen mit Hohn und Spott übergossen:

Es kann ja nicht ein jeglicher pfarrer eines weibes man-
geln, nicht allein der gebrechlichkeit, sondern viel mehr des
haushalten halben. Soll er denn ein weib halten, und ihm
der Bapst das zulässt, doch nicht zur ehe haben, was ist das
anders gethan, denn ein mann und weib bei einander allein
lassen und doch verbieten, sie sollten nicht fallen, eben als
stroh und feuer zusammen legen und verbieten, es soll weder
rauchen noch brennen? Zum andern, dass der Bapst solches
nicht macht hat zu verbieten, so wenig als er macht hat zu
verbieten essen, trinken und den natürlichen ausgang oder
feist werden, drum ists niemand schuldig zu halten, und
der Bapst schuldig ist aller sünden, die dawider geschehen,
aller seelen, die dadurch verloren sind, aller gewissen, die
dadurch verwirrt und gemartert sind.[5]

Wojtyla und Luther: Sünde auch in der Ehe

Trotz des Befreiungsschlages durch die Abschaffung
des Zölibats hat Luther die Verteufelung der sexuellen
Beziehungen auch in der Ehe nicht ganz überwinden
können. Die Ehepartner erscheinen bei ihm eigentlich
als gleichberechtigt, aber er behauptete dennoch, dass
die körperliche Beziehung mit ihren Bedürfnissen auch
Schwachheit und sogar Unreinheit in sich trüge. Aber
das sei ja von Gott konzediert. Anfänglich hielt er das
eheliche Liebesspiel für eine Sünde, später nicht mehr,
sondern für einen Bestandteil der menschlichen Sexua-

lität. Der Sexualfachmann Johannes Paul II. informierte dagegen noch 500 Jahre später die interessierte Bevölkerung mit dem Befund, auch in der Ehe könne der Mann die Frau unkeusch betrachten. Luther sah es ähnlich und behauptete, wie in allen Lebensbezügen hafte dem Menschen auch in der Ehe die Sünde an. Sie stehe allerdings unter der göttlichen Vergebung. In diesem Punkt blieb Luther streng katholisch und wurde selber Opfer seiner Theologie.

Die Sexualethik der katholischen Kirche

Albertus Magnus, Mentor Thomas von Aquins, heiliggesprochener Kirchenlehrer und Bischof, der dem ICE 820 von Nürnberg nach Köln seinen Namen gab, erklärte im 13. Jahrhundert in seinem Traktat »super de animalibus«, die Frau sei ein missglückter Mann und habe im Vergleich zum Mann eine befleckte, fehlerhafte Natur. Mit dieser Meinung über Frauen gab er allerdings nur das wieder, was über die Jahrhunderte in Literatur und Theologie allgemeine Überzeugung geworden war.[6]

Die katholischen Theologen erklärten die Frau zur »ianua diaboli«, also zur Pforte, durch die der Teufel einfällt und der Mann in die Sündenfalle tappt. Anstatt die metaphorischen Geschichten von der Erschaffung der Welt im Alten Testament richtig zu interpretieren, nahmen die Theologen die Erzählungen für bare Münze.

Der Prophet Jesus Sirach brachte die Jahrtausende herrschende Lehrmeinung auf einen Nenner: »Durch die Frau kam die Sünde in die Welt.« Dass Jesus eine ganz andere Sicht der Frau hatte und predigte, wurde nach seinem Tode schnell übergangen. Die kirchliche Sexuallehre orientiert sich nicht am Neuen Testament, sondern an der Gnosis, also dem unseligen Erbe der Stoa, die den Körper und die Sexualität des Menschen als verdorben betrachtet. Schon Platon sah den Leib als Gefängnis der Seele, die Gnostiker überboten ihn noch und hielten ihn für eine Schöpfung der Dämonen. Die einzige Legitimation für den Geschlechtsverkehr war nach Ansicht der frühchristlichen Kirchenväter Origines, Gregor von Nissa, Johannes, Chrysostomos, Ambrosius von Mailand, Hieronymus, Augustinus und anderer Spezialisten die Zeugung von Kindern.

Diese Lehre spaltete den Menschen in einen guten und einen schlechten Teil, in Geist und Körper, in Seele und Leib, und schob den schlechten Teil den Frauen zu. Sie wurden zum körperlichen Symbol des Bösen und Sündhaften. Die Verteufelung des Sexuellen verstößt gegen eine ganzheitliche Betrachtung des Menschen, der ja eine psychosomatische Einheit ist. Die Pönalisierung des Geschlechtlichen hat Leid und Elend über die christliche Menschheit gebracht, vor allem über die Frauen. Menstruierende Frauen durften im Mittelalter Kirchen nicht betreten und die Kommunion nicht empfangen. Schwangere galten als entweiht, weil sie Geschlechtsverkehr gehabt hatten, und mussten daher nach der Geburt eines Kindes ausgesegnet werden. Erst danach durften sie die Kirche wieder betreten. Frauen, die starben, bevor sie ausgesegnet waren, erhielten kein Begräbnis auf dem Friedhof. Selbst der eheliche Geschlechtsakt galt Thomas von Aquin als »immundicia« (Schmutz). Augustinus glaubte sogar, die Vielweiberei sei moralischer, als eine einzige Frau um ihrer selbst willen zu lieben und zu begehren: »Nun hat aber ein Sklave niemals mehrere Herren, wohl hat ein Herr mehrere Sklaven. So haben wir auch noch nie gehört, dass die heiligen Frauen mehreren lebenden Ehemännern dienten, wohl lesen wir, dass viele heilige Frauen einem Ehemann dienten. Das ist nicht gegen das Wesen der Ehe« (»de bono coniugali«). Die Dschihadisten des IS sehen es nicht anders. Was Augustinus über die Frauen geschrieben hat, ist so schändlich, dass man ihm den Titel des Kirchenlehrers entziehen müsste.

Die unheilvolle Rolle des Paulus

Luther orientierte sich leider auch hier an dem Frauensachverständigen Paulus. Dieser sagt im siebten Kapitel des ersten Korintherbriefes, dass es gut sei für den Mann, keine Frau zu berühren wegen der Gefahr der Unzucht. Trotzdem solle jeder eine Frau haben. Andererseits wünschte er, alle Menschen wären unverheiratet wie er selber. Und wer eine Frau habe, solle sich aber in Zukunft so verhalten, als habe er keine. Paulus sieht das Ende der Welt kommen. Der Unverheiratete sei dann besser dran. Er sorge sich nämlich um die Sache des Herrn, er wolle dem Herrn gefallen. Der Verheiratete dagegen sorge sich um die Dinge der Welt, er wolle seiner Frau gefallen. Er sagt, wer eine junge Frau heirate, handle richtig. Doch wer sie nicht heirate, handle besser. Nach dem Tod des Mannes sei die Frau zwar frei zu heiraten, wen sie wolle. Aber glücklicher sei sie zu preisen, wenn sie unverheiratet bliebe. Bis hierhin ist das paulinische Chaos schon ziemlich komplett. Aber er fährt fort: Christus sei das Haupt des Mannes, der Mann das Haupt der Frau (vgl. 1 Kor 7). »Und du bist das Arschloch«, rief ein Zuhörer in einer CDU-Versammlung im Hotzenwald im Badischen dazwischen, als ein Referent über die Familienpolitik den hl. Paulus zitierte. Paulus meint weiter: »Der Mann darf sein Haupt nicht verhüllen, weil er Abbild und Abglanz Gottes ist, die Frau aber ist der Abglanz des Mannes. Denn der Mann stammt nicht von der Frau, sondern die Frau vom Mann. Der Mann wurde auch nicht für die Frau geschaffen, sondern die Frau für den Mann. Deswegen soll die Frau mit Rücksicht auf die Engel das Zeichen ihrer Vollmacht auf dem Kopf tragen.« (1 Kor 11,7-10) Dann kommt die salvatorische Klausel: »Doch im Herrn gibt es weder die Frau ohne den Mann noch den Mann ohne die Frau. Denn wie die Frau vom Mann stammt, so kommt der Mann durch die Frau zur Welt [was schön klingt, aber natürlich zwei Paar Stiefel sind], alles aber stammt von Gott.« (1 Kor 11,11 f.) Schon klar. Es ist diese Zwielichtigkeit, diese gewollte Doppeldeutigkeit, die geistesgeschichtlich und in der Praxis die Zweitrangigkeit der Frau begründet und zementiert.

Auch wenn Luther weit entfernt vom heutigen Verständnis der Gleichberechtigung von Mann und Frau war – dazu stand er dann doch zu sehr unter dem Einfluss von Paulus und Augustinus –, hatte er eine vergleichsweise entspannte Beziehung zu den Frauen, in manchem ein fast schon modernes Frauenbild, etwa was das Predigen durch Frauen oder seine Auffassung von der Ehe betraf.

Luthers Frauenbild und menschenfreundliche Ehetheologie

Katharina von Bora war nach ihrer Flucht aus dem Kloster in Wittenberg zwar bei Lucas Cranach dem Älteren, einem Freund Luthers, untergekommen. Man hatte die Nonnen nach Wittenberg gebracht, weil man nur dort sicher sein konnte vor den schweren Strafen, die das Kirchen- und Reichsrecht bei Klosterflucht und Beihilfe dazu vorsah. Und außerdem war auch Luthers Rat und Hilfe für das weitere Schicksal der entsprungenen Nonnen gefragt.[7] Luther lernte Katharina von Bora bei Lucas Cranach kennen, und nachdem Katharinas Heirat mit einem Wittenberger Studenten am Veto von dessen Eltern scheiterte und ein weiterer Vermittlungsversuch Luthers an Katharinas Unwillen, entschied sie sich für den

Doktor Martinus Luther. Sie entschlossen sich 1525 zur Vermählung. Die Ehe mit Katharina war auch von Luther aus zunächst keine Liebesheirat – er war eigentlich an der Nonne Ave von Schönfeld interessiert,[8] die dann allerdings einem anderen ihr Ja-Wort gab –, aber wurde im Wesentlichen doch im Laufe der Zeit zu einem Vorbild für eine protestantische Pfarrersehe und Pfarrersfamilie. Zunächst gerieten beide in den Verdacht, dass sie hätten heiraten müssen, weil ihre Hochzeit mitten im Bauernkrieg stattfand. Luther trat »dem Gerede, dass er die Bora schon vorher beschlafen habe«, energisch entgegen und bezeichnete es als »offenbare Lüge«.[9] Sogar der große Humanistenfürst Erasmus von Rotterdam, der wegen der Auseinandersetzung über den freien Willen im September 1524 endgültig mit Luther gebrochen hatte, verkündete mit einer gewissen Häme: »Eine Frohbotschaft, Luther, Gott segne ihn, hat den Philosophenmantel abgelegt und ein Mädchen heimgeführt aus der Adelsfamilie Bora, von feinem Äußeren, 26 Jahre alt, aber ohne Mitgift, und sie war längst nicht mehr Vestalin. Die Ehe hat gut angefangen, dass Du weißt: wenige Tage nach der Hochzeit hat die jung Verheiratete ein Kind geboren.«[10] Er besaß aber doch so viel Fairness und Edelmut, dass er, nachdem er von Melanchthon auf den Irrtum hingewiesen worden war, ihn auch eingestand. Mit der Heirat Luthers habe es seine Richtigkeit, aber die Nachricht von der frühen Niederkunft der jungen Frau sei ein falsches Gerücht gewesen.

Für Luther war die Ehe kein Sakrament. Er stimmte zwar mehrfach das Hohelied der Ehe an, begründete aber das Recht auf Ehescheidung, wenn in den betreffenden Fällen das Zusammenleben nicht mehr zumutbar sei und infolgedessen auch nicht mehr weitergeführt werden könne. Es kommt also auf die Einzelfälle an, die modern zusammengefasst auch als Zerrüttung einer Ehe bezeichnet werden können, so wie es im deutschen Eherecht geregelt ist. Außerdem verliere, so Luther, die Ehe bei häuslicher Gewalt, also Körperverletzung, Vergewaltigung, ohnehin ihren sakralen Charakter und löse sich von selber auf.

Ob eine Ehescheidung möglich ist, wurde von Luther ganz offensichtlich nicht unter rechtlichen Gesichtspunkten beantwortet, sondern unter der Überschrift der Barmherzigkeit. Der Lutherbiograph Martin Brecht nennt eindrucksvolle Beispiele:[11] So erlaubte er einer Frau »aus Vollmacht des Gewissens«, ihren impotenten Ehemann zu verlassen und ihren Liebhaber zu heiraten. Von Philipp von Hessen gefragt, ob ein Christ mehrere Ehefrauen haben dürfe, antwortete Luther, das hielte er nur im äußersten Notfall, z. B. bei Aussatz, für erlaubt. Nach seiner Auffassung musste das Recht stets mit Billigkeit gehandhabt werden. Als ein Pfarrer von seiner Frau verlassen wurde, gestattete Luther ihm die Wiederverheiratung. Die umstrittene Ehe des Magdeburger Predigers Marquart Schuldorp mit seiner Nichte hielt Luther für statthaft und stellte sich damit bewusst gegen das Kirchenrecht. Der Altstädter Pfarrer Jobst Kern hatte eine Nonne geheiratet, die die Ehe mit ihm dann aber nicht vollziehen wollte und ihn verließ. Auch ihm erlaubte Luther eine neue Heirat. Anders entschied er im Fall der Ilse Moser, deren Mann in türkische Gefangenschaft geriet und später in Siebenbürgen sesshaft wurde, wohin er seine Frau nachzukommen bat, was diese verweigerte, weil sie inzwischen mit einem Pfarrer wiederverheiratet war: Nach Luthers Auffassung bestand ihre erste Ehe nach wie vor. Trotz schwerer Bedenken akzeptierte er die Ehe zwischen zwei Blinden, weil er ihre sexuellen Bedürfnisse anerkannte. All das zeigt für Brecht, dass Luthers Entscheidungen »Menschenkenntnis und Augenmaß« verraten.[12]

Für ihn war auch denkbar, dass dem Gewissen nur geholfen werden konnte, indem man sich über Gesetz und Recht hinwegsetzte. In diesem Fall hatte das Gewissen Vorzug vor der irdischen Rechtsordnung. Insgesamt war seine Auffassung, die er in seiner Schrift »Von Ehesachen« (1530) ausführlich darlegte, eine sehr humane.

Luthers frauenfreundliche Einstellung zeigt sich auch in seiner Haltung zur Frage, ob die Frauen predigen dürfen. Nach Luther ist das Predigtamt das einzige und höchste Amt (es steht noch über der Sakramentenspendung) in der kirchlichen Gemeinde der Gläubigen, und es ist die gemeinsame Aufgabe aller Christen, das heißt der Gemeinde, den Predigern die Urteilsfähigkeit über die Lehre zuzuerkennen. Obwohl er stark von den patriarchalischen Vorstellungen vor allem des Apostels Paulus, dass die Frau sich dem Mann unterzuordnen habe, befangen war, wollte er doch nicht verhindern, dass auch Frauen diese Ämter übernehmen können. Er konnte es allerdings nicht lassen zu behaupten, dass die Frau aufgrund ihrer »*natürlichen Gaben*« zum Predigen nicht in gleicher Weise geeignet sei wie der Mann, weil sie beispielsweise keine ebenso »*gute Stimme*« und kein vergleichbares »*Gedächtnis*« und »*Geschick*« dazu habe, wie er in seiner Schrift »Vom Missbrauch der Messe« 1521 ausführt. Dennoch sagt er hier am Ende ganz grundsätzlich: »*Wenn aber kein Mann prediget, so wär's von Nöten, dass die Weiber predigten.*« Das hat er später an anderer Stelle wiederholt und sich auch freundschaftlich gegenüber Reformatorinnen wie Katharina Zell oder Argula von Grumbach verhalten, die sich mit Worten und Schriften für den evangelischen Glauben stark machten.[13] Womit er ein weiteres Tabu gebrochen und sicherlich Jesus, nicht jedoch die katholische Kirche unserer Zeit auf seiner Seite hätte.

Frauen als Bischöfinnen

Auf dem Weltjugendtag in Köln 2005 hatte die Kurie die Evangelische Kirche in Deutschland (EKD) zum Gespräch mit dem Papst Benedikt XVI. in Köln eingeladen. In dieser Delegation befand sich auch die evangelische Bischöfin von Hannover Margot Käßmann. Auf Wunsch des Papstes wurde sie als Mitglied der evangelischen Delegation vom Vatikan abgelehnt, das heißt sie wurde wieder ausgeladen, weil dem Papst und der Kurie die Anwesenheit der Bischöfin einer christlichen Kirche als zu große Provokation erschien.

Im Zusammenhang mit diesem Vorgang ist dreierlei interessant. Auch bei den Taliban darf man den Frauen nicht die Hand geben. Es ist zu befürchten, dass Joseph Ratzinger und die Taliban dieserhalb beim Jüngsten Gericht in Schwierigkeiten kommen. Zweitens: Das Verhältnis zwischen den Geschlechtern wurde von den jungen Christen in Köln offenbar völlig anders gesehen als vom Papst und von den Kardinälen im Erzbischöflichen Haus: Morgens waren die Plätze und Wiesen in und um Köln, auf denen die Hunderttausende campten und übernachteten, übersät von Kondomen. Drittens: Martin Luther wäre entweder mit Margot Käßmann einfach erschienen oder er wäre gar nicht hingegangen.

Das nach wie vor grundsätzlich zwiespältige Verhältnis der katholischen Kirche zu den Frauen offenbart sich in verräterischen Formulierungen, die allerdings in jeder Drucksache der Bundesregierung und des Bundestages zur Frauenfrage in unterschiedlichen Variationen zu finden sind, von den jeweiligen Debattenbeiträgen der Abgeordneten im Plenum einmal ganz abgesehen. So ist in der von Papst Johannes XXIII. bereits während des II. Vatikanischen Konzils veröffentlichten Enzyklika »Pacem in Terris« zu lesen, es »behauptete sich weitgehendst die Auffassung, dass alle Menschen in der Würde ihrer Natur unter sich gleich sind«.[14] Dann heißt es weiter: »Die Frau, die sich ihrer Menschenwürde heutzutage immer mehr bewusst wird, ist weit davon entfernt, sich als seelenlose Sache oder als bloßes Werkzeug einschätzen zu lassen; sie nimmt vielmehr sowohl im häuslichen Leben wie im Staat jene Rechte und Pflichten in Anspruch, die der Würde der menschlichen Person entsprechen.«[15] Die Frage, warum sich die Frauen ihrer Würde »immer mehr«, aber eben doch noch nicht vollständig bewusst sind, wird wohlweislich nicht beantwortet, weil die katholische Kirche selbst in ihrer Geschichte alles getan hat, um den Frauen diese Würde vorzuenthalten.

An wem orientiert sich die offizielle katholische Lehre? Man sollte meinen an Jesus. Der war aber ein Freund der Frauen. Experte und Autorität in Frauenfragen ist für das kirchliche Lehramt Paulus, der mit einer eigenartigen Vorstellung von Menschenwürde dekretierte, die Frau habe in der Versammlung zu schweigen, sich unterzuordnen und, wenn sie etwas wissen wolle, zu Hause ihren Mann zu fragen (vgl. 1 Kor 14,34 f.).

Maria Magdalena

Ein weiteres Beispiel, das wieder auf eine falsche Übersetzung von Hieronymus zurückgeht: Paulus – und mit ihm die meisten Bibelerzähler – schrieb an die Korinther: »Er ist am dritten Tag auferweckt worden, gemäß der Schrift, und erschien dem Kephas, dann den Zwölf. Danach erschien er mehr als 500 Brüdern zugleich. Die meisten von ihnen sind noch am Leben, einige sind entschlafen. Danach erschien er dem Jakobus, dann allen Aposteln.« (1 Kor 15,4-8) Dies ist eine falsche Information, weil Jesus nicht zuerst den Männern, sondern den Frauen erschien: Maria und Maria Magdalena (Joh 20,1-18; MK 16,9). Letztere ist noch in der Nacht nach der Kreuzigung oder besser gesagt frühmorgens, als es noch dunkel war, zum Grab gelaufen und stellt fest: Der Stein ist weggerollt und niemand ist da. Sie rennt in die Stadt, holt Petrus und Johannes, die auch zum Grab laufen. Aber das Grab ist leer. Die Männer haben genug gesehen und gehen wieder nach Hause. Aber Maria verweilt beim Grab. Sie muss weinen, dreht sich um und sieht jemand anderen dastehen, den sie für den Gärtner hält. Dieser fragt nach den Gründen für ihre Tränen und wen sie suche. »Herr, wenn du ihn weggebracht hast, sag mir, wohin du ihn gelegt hast. Dann werde ich ihn holen.« Da sieht der Fremde sie an und sagt nur ihren Namen: »Maria«. Nun erkennt auch sie ihn und spricht ebenfalls nur ein Wort: *Rabbuni*, ein Diminutivum bzw. eine Koseform von Rabbi. »Halte mich nicht fest«, sagt Jesus dann zu Maria, »denn ich bin noch nicht zum Vater hinaufgegangen«. Offenbar haben sich die beiden umarmt. Im Griechischen heißt das *mae mou haptu*. Der Kirchenvater Hieronymus, der es offenbar nicht ertragen konnte, dass die beiden sich festgehalten haben, übersetzt den Satz mit »noli me tangere« – »fasse mich nicht an, berühre mich nicht«. Also genau das Gegenteil von dem, was passiert ist.

Leider hat Luther diese unverschämte Übersetzung übernommen. Dafür gibt es nur zwei Erklärungen: Entweder er hat den lateinischen Vulgata-Text unkontrolliert übernommen oder er hat ihn wie Hieronymus absichtlich falsch übersetzt. In der Einheitsübersetzung der Heiligen Schrift, herausgegeben von den deutschsprachigen Bischöfen, dem Rat der Evangelischen Kirche in Deutschland und der Deutschen Bibelgesellschaft, wird die Passage, um sich nicht vor den Altphilologen zu blamieren, richtig übersetzt. Aber die schon fast psychopathologische Abneigung der katholischen Kirchenmänner gegen Frauen bringt die Herausgeber doch tatsächlich dazu, eine erklärende Fußnote zu »Halte mich nicht fest« anzufügen: »Maria hatte sich vermutlich Jesus zu Füßen geworfen und diese umfasst oder umfassen wollen.« Weil nicht sein kann, was nicht sein darf. Hier soll offensichtlich etwas vertuscht werden, was sich unter paulinischen und zölibatären Gesichtspunkten verbietet.

Nun könnte man meinen, das sei eine fast lächerliche Kleinigkeit. Aber das ist es eben nicht. Schade, dass die EKD der Fußnote zugestimmt hat. Denn durch eine solche Fälschung wird die Frauendiskriminierung zumindest der katholischen Kirche bestätigt, ja sogar bekräftigt. Martin Luther hat vor 500 Jahren ein erstes Signal für eine andere Entwicklung gegeben. Luther müsste heute der katholischen Kirche massiv ins Gewissen reden, damit diese endlich ihre Diskriminierung der Frauen beseitigt und ihnen wie in der evangelischen Kirche die gleichen Rechte zugesteht und die Übernahme aller Ämter ermöglicht, die in dieser Gemeinschaft der Gläubigen vorhanden sind, also auch das Weiheamt des Priesters und Bischofs. Es ist eine große Befreiung für die Frauen, dass es in der evangelischen und anglikanischen Kirche Bischöfinnen gibt. Aber immer noch steckt in der evangelischen Kirche eine Art Defizit an Protestantismus, wenn es darum geht, auf Augenhöhe mit der katholischen Kirche zu verhandeln. Ich habe bis heute keine befriedigende Erklärung dafür gefunden, dass die evangelische Kirche sich die Ausladung von Bischöfin Käßmann hat gefallen lassen. Der damalige Ratsvorsitzende Bischof Huber hat mir geschrieben, der Vorgang müsse ein einmaliges Ereignis bleiben.

Doch dieses Defizit an Protestantismus offenbart sich auch noch an anderen Stellen. Am 21. Februar 2012 hatte die feministische russische Punkband Pussy Riot verkleidet mit bunten Gesichtsmasken vor der Ikonenwand der Moskauer Christ-Erlöser-Kathedrale ein Punkgebet vorgetragen, in dem es hieß: »Mutter Gottes, Jungfrau, vertreibe Putin« und »der Chef des KGB ist ihr oberster

Heiliger« – gemeint war die russisch-orthodoxe Kirche. Die drei jungen Frauen wurden zu zwei Jahren Arbeitslager verurteilt wegen Rowdytums aus religiösem Hass, woraufhin die Lutherstadt Wittenberg die Punkband für den Preis »Das unerschrockene Wort« vorschlug. Dagegen machten namhafte evangelische Theologen so viel Krach, dass der Vorschlag wieder zurückgezogen wurde. Ihrer Begründung nach hatten die Frauen Gott beleidigt (wer kann das eigentlich wissen?) und die Gefühle von Gläubigen verletzt. In Wirklichkeit war es jedoch völlig anders. Die jungen Aktivistinnen protestierten gegen die politische und finanzielle Allianz der orthodoxen Kirche mit dem Putin'schen Regime. Der russisch-orthodoxe Patriarch Kyrill I., der zu den reichsten Männern Russlands gehört, erklärte, Putin sei von Gott gesandt, und bestätigte damit die unheilvolle Verflechtung der russischen Orthodoxie mit der russischen Staatsführung. Pussy Riot rebellierten daher gegen die korrupte Verfilzung von Kirche und Staat, wie dies auch Jesus bei der Tempelreinigung und Luther mit seinem Protest gegen den Ablasshandel gemacht hatten. Sie hätten also nicht nur den Preis bekommen, sondern auch die Unterstützung der evangelischen Theologen finden müssen.

Die »ianua diaboli«

Aber auch Luther hatte noch nicht die Erleuchtung, dass eine echte Gleichberechtigung der Frau dem Christentum nicht nur nicht widerspricht, sondern von ihm geradezu gefordert wird. Es rächt sich bei diesem Thema, dass Luther so wie alle anderen Theologen seiner Zeit in dem geistigen Klima des Alten Testamentes, der Paulusbriefe und der vor allem durch Augustinus in den ersten Jahrhunderten adaptierten Irrlehre der Gnosis, dem Manichäismus, gefangen war. Augustinus war ja vor seiner Zuwendung zum Christentum Manichäer, und seine Theologie ist von einem strengen Dualismus gekennzeichnet. In Bezug auf die Frau postulieren all diese gelehrten Frauenanalytiker: Zwar habe Gott nicht allein den Mann geschaffen, sondern den Menschen, aber er habe die Frau aus dem Manne heraus geschaffen. Dass die Frau nach der Bibel aus der Rippe des Mannes geformt wurde, dient ihnen als Beweis für die Zweitrangigkeit der Frau. Und nach Gottes Ratschluss war es ja ausgerechnet die Frau und nicht der Mann, die entgegen dem Verbot Gottes von der Schlange, dem Teufel, die Frucht vom Baume der Erkenntnis nahm, um sie dann anschließend dem offenbar leicht debilen Adam, der von nichts eine Ahnung hatte, zu übergeben. Nun könnte man diese alttestamentarische Fabel, an die niemand glauben muss und die Eva als diejenige hinstellt, die sich vom Teufel verführen ließ, getrost zu den Akten legen. Aber dann kamen die damaligen Theologen, die Propheten, wie Jesus Sirach, der wie schon erwähnt in die Welt hinausposaunte: Von einer Frau nahm die Sünde ihren Anfang, ihretwegen müssen wir alle sterben (vgl. Sir 25,32). Wo das Weiberregiment hinführe, das habe

sich an Eva gezeigt, echote Luther noch über anderthalb-
tausend Jahre später. Eine Behauptung, die von den drei
großen prophetischen Weltreligionen, nämlich dem Ju-
dentum, dem Christentum und dem Islam, teilweise bis
heute zum festen Bestandteil ihrer Lehre gezählt wird.
Diese Dämonisierung der Frauen ist eine schwere, nicht
wiedergutzumachende Sünde des Christentums, aber
auch der anderen beiden Weltreligionen. Die Frauen
mussten diese theologische Verirrung über die Jahrtausende hindurch bitter büßen. Luther berief sich immer
wieder auf Paulus und sagte, Mann und Frau seien hinsichtlich ihrer Bestimmung zum ewigen Leben gleich.
Dennoch stehe die Frau dem Mann an Würde nach.[16]
Noch schöner sagen es die Taliban: Die Ehre des Mannes
ist die Demut seiner Frau.[17] Eva ist zwar die von Gott
gegebene, aber untergeordnete Partnerin Adams. Luther sagt in einem der Tischgespräche, falls Käthe ihm
über den Mund fahren wollte – was er also immerhin für
möglich hielt –, würde er ihr eine kleben (eine »Maul-
schelle« geben hieß das früher).[18]

Häusliche Gewalt und Ehescheidung

Dennoch war Luther kein Mann, der der Gewalt gegen
Frauen das Wort redete – im Gegenteil. Er hielt, wie bereits erwähnt, die Eheleute zu einem liebevollen Umgang
miteinander an und geißelte das »Wüten« der Männer
gegenüber ihren Frauen.[19] Und er hatte einen starken

Standpunkt zur Frage der häuslichen Gewalt. Denn im Fall von Körperverletzung oder Vergewaltigung verlor die Ehe für Luther, wie schon gesagt, ihren sakralen Charakter und löste sich von selber auf. Es könne ja von Jesus nicht gewollt sein, dass etwa eine Frau sich ihr ganzes Leben lang den Schlägen ihres Ehemannes aussetzen müsse, bis sie stürbe. Wir haben auch gesehen, dass Luther in vielen anderen Scheidungsfragen Barmherzigkeit über dogmatisches Recht stellte. Damit steht er in der Tradition von Jesus. Dessen Ehescheidungsverbot galt ja dem Schutz der Frauen. Er wollte damit das jüdische Recht korrigieren, demzufolge die Ehescheidung zwar dem Mann erlaubt war, der Frau dagegen nicht; sie durfte nur in Ausnahmefällen einen Antrag stellen, etwa wenn der Mann aussätzig war, während der Mann lediglich dreimal auszurufen brauchte: »Ich verstoße dich, ich verstoße dich, ich verstoße dich.« Das Ehescheidungsverbot von Jesus richtete sich also in erster Linie gegen die Willkür der Männer und war Bestandteil der sich entwickelnden Gleichberechtigung der Frau im ehelichen Bereich. Aber die Menschen sollten nicht durch ein fundamentalistisches Scheidungsrecht in unlösbare Schwierigkeiten und Notlagen gestürzt werden. Die Zweitehe nach einer Scheidung, nach dem Verschwinden des Partners oder einer Partnerin, aber auch Zweitehen, die für eine Familie mit Kindern die einzige Möglichkeit sind, sozial überleben zu können,[20] wären von Jesus nicht verboten worden und sind moderne Probleme, die damals so gar nicht bekannt waren.

Die Sakramentalisierung und Heiligsprechung der Ehe durch die offizielle katholische Kirche hat keine moralische Substanz. Ein wesentlicher Teil des Einsatzes für die Gleichstellung der Frauen und die ungeteilte Anerkennung ihrer Menschenwürde richtet sich vor allem gegen einen der übelsten und dunkelsten Missstände in unserer Gesellschaft, nämlich die häusliche Gewalt gegen Frauen. Weltweit zählen Diskriminierung, Verachtung, Körperverletzung und Ermordung von Frauen neben der Folter, die gerade auch Frauen immer häufiger erdulden müssen, zu den schwersten und häufigsten Menschenrechtsverletzungen. Laut der EU-Menschenrechtsagentur erleiden auch in der Europäischen Union circa 33 Prozent der Frauen seit ihrem 15. Lebensjahr körperliche und/oder sexuelle Gewalt – in Deutschland sind es sogar 35 Prozent.[21] Also 12,5 Millionen Frauen. Die Dunkelziffer ist wesentlich höher, weil nur ein Bruchteil der Fälle angezeigt wird, denn die Mehrheit der Verbrechen geschieht dort, wo Frauen sich eigentlich am sichersten fühlen müssten, nämlich in den eigenen vier Wänden, in denen sie sich aber gegenüber dem Ehemann, Partner oder sonstigen männlichen Verwandten am wenigsten wehren können. Der gefährlichste Ort für Körperverletzung und Vergewaltigung ist nicht der Hinterhof, die Nebenstraße oder der Wald, sondern die Ehe.[22] Frauen können sich heute zumindest in den westlichen Gesellschaften besser wehren als früher. Sie können mit den Kindern Zuflucht in Frauenhäusern suchen, und die Polizei ermittelt gegen die Täter. Ein prügelnder Ehemann fliegt aus der

Wohnung. So ist die gesetzliche Lage. Aber dies reicht bei weitem nicht und hat erst recht nicht gereicht zu Luthers Zeiten. Die Polizei muss besser geschult werden, um häusliche Gewalt effektiver bekämpfen zu können. Wir brauchen eine Informationsoffensive in den Medien für die Frauen: frei leben ohne Gewalt. Geschlechtsrassismus richtet sich gegen die Hälfte der Weltbevölkerung auch dort, wo sich die Lage der Frauen verbessert hat, wie in Europa und den USA. Wer gegen Frauen Gewalt ausübt, muss genauso geächtet werden wie die anderen Rassisten.[23] Dies hat auch Luther so gesehen.

Sakramente und wiederverheiratete Geschiedene

Glaubenskongregation und die bevorstehende Bischofssynode der katholischen Kirche dürfen die schwierigen menschlichen Situationen wie häusliche Gewalt, Scheidung oder den Ausschluss wiederverheirateter Geschiedener von den Sakramenten nicht weiter nach dem starren pharisäischen Gesetzesrecht beurteilen, sondern sollten sich nach der jesuanischen Barmherzigkeit richten. Das Gute reiche weit über das Dogmatische hinaus, sagte Franziskus. Leider geht die katholische Kirche bis auf den heutigen Tag davon aus, dass diese menschlichen Gründe bei der Beurteilung der theologischen Rechtmäßigkeit einer Ehe keine Berücksichtigung finden dürfen. Mehr noch: Die katholische Kirche verschärft die

Pein der benachteiligten Partnerin und des benachteiligten Partners noch dadurch, dass eine Scheidung nach Bürgerlichem Recht von ihr nicht anerkannt wird und die Geschiedenen dann nach katholischem Kirchenrecht ihr Leben lang ehelos bleiben müssen und natürlich auch sonst keinen Geschlechtsverkehr haben dürfen, um weiter die Sakramente empfangen zu können, da sie ja sonst in den Augen der kurialen ehelosen Eheexperten im Stande der Todsünde leben. Der Vorschlag, die Geschiedenen könnten doch standesamtlich wieder heiraten, müssten aber in Zukunft absolut keusch bleiben, löst in der Hölle homerisches Gelächter aus.

Zölibat

Die katholische Kirche verweigert bis heute den Frauen die Ordination und hält am Zölibat als Voraussetzung für die Priesterweihe fest. Luther hat klar erkannt, wie er in »An den christlichen Adel deutscher Nation« schrieb, dass es dafür keine Grundlage in den Evangelien gibt. Infolgedessen fühlte er sich auch nicht mehr an sein Mönchsgelübde der Ehelosigkeit gebunden und verhalf den Nonnen zur Flucht aus dem Kloster und zur Heirat. Von der Bibel her gesehen hat Jesus in der Ehefrage kein Verbot, sondern eine Freiheit gegeben: Wer es fassen könne, der fasse es (Mt 19,12). Oder sogar Paulus: Ein jeder habe sein eigenes Charisma von Gott, der eine so, der andere anders (1 Kor 7,7). Paulus zufolge waren alle übrigen Apostel, Petrus inklusive, verheiratet und sind es auch geblieben. In seinem Brief an Timotheus schreibt er: Der Bischof (und Priester) solle frei von Tadel sein, das heißt nur eine Frau haben (1 Tim 3,2). Diese Regel hatte in der westlichen lateinischen Kirche tausend Jahre lang Bestand (auch wenn sie nicht immer befolgt wurde). Erst im 11. Jahrhundert wurde den Priestern das Eheverbot von oben auferlegt. Der Zölibat ist also reines Menschengesetz, das vom Papst über Nacht wieder aufgehoben werden könnte und sollte.[24] Denn der Zölibat verstößt gegen das Menschenrecht auf Ehe, produziert unzählige Konflikte und seelische Nöte und schafft ein weites und unheimliches Feld der Heuchelei, weil eine beträchtliche Anzahl von Pfarrern eben mit der Haushälterin zusammenlebt. Die Folgen sind großes Elend und Leid, insbesondere wenn aus diesen liebenden Verbindungen Kinder hervorgehen. Bekennt sich der Priestervater zu Frau und Kind und entscheidet sich für die Familie, verliert er seine Existenzgrundlage, weil er seinen Beruf – der für die meisten eine Berufung ist – fortan nicht mehr ausüben darf. Wagt oder schafft er diesen Schritt nicht, werden die Kinder in der Regel von den Bistümern eingesammelt, den Müttern weggenommen und in eigens dafür eingerichteten Kinderheimen untergebracht.

Gewählter Zölibat ist etwas anderes als Zwangszölibat. Ohne Zölibat hätten viel mehr Menschen den Willen, für die Seelsorge zur Verfügung zu stehen. »Uns fehlt es nicht an Priestern, [...] uns fehlt es an Zölibatswilligen«, so Hans Küng.[25] An den katholisch-theologischen Fakultäten der Bundesrepublik studierten Tausende von Männern und Frauen, von denen ein großer Teil bereit und fähig wäre, in den kirchlichen Dienst zu treten. Aber sie hätten einen einzigen »Fehler«: Sie möchten heiraten. Man halte die Zulassungszahlen für Pastoralassistenten in deutschen Diözesen bewusst klein, um keine laizistische Mehrheit in der Seelsorge zu bekommen. Eher lasse man unsere Gemeinden zugrunde gehen, als dass man verheirateten Laien die Ordination ermögliche. Aber die Gemeinden hätten ein Recht auf die Eucharistie und den eigenen Pfarrer.[26] So weit Hans Küng und fast alle katholischen Theologen.

Priesternot überall

Erwin Teufel hat für sein Buch »Ehe alles zu spät ist« recherchiert, dass sich die Zahl der Priester in Deutschland seit 1980 halbiert hat. Von damals 25 000 Priestern sind es heute nur noch 12 000. Die Zahl der Neupriester geht dramatisch zurück. Nach Angaben der italienischen Jesuitenzeitschrift »Civiltà Cattolica« von 2007 haben weltweit in den vergangenen 40 Jahren 69 000 katholische Priester ihren Dienst aufgegeben, die meisten, weil sie heiraten wollten. Die Antwort der Kirche sind immer größere Seelsorgeeinheiten. Die Folge ist, dass die Pfarrer total überfordert sind und die Gläubigen sich immer mehr von der Kirche und ihrer Liturgie und ihrer Messe abwenden. Besuchten im Jahr 1960 noch 46 Prozent der Katholiken den Gottesdienst, betrug dieser Anteil 2011 nur noch 12,3 Prozent. Bundesweit gibt es heute nur noch halb so viele kirchliche Eheschließungen wie vor 20 Jahren. Auch die Zahl der Taufen, der Krankensalbungen und der kirchlichen Beerdigungen ist drastisch zurückgegangen.[27]

Der Priestermangel in und die Entfremdung der Gläubigen von der katholischen Kirche könnten nach Meinung vieler, nicht nur Hans Küngs und Erwin Teufels,[28] leicht minimiert werden, wenn alle Laientheologen und -theologinnen, die als Pastoralreferenten eingesetzt werden können, auch tatsächlich arbeiten dürften und zu Priestern geweiht werden würden. Alle Pastoralreferenten und Diakone, die schon weithin priesterliche Aufgaben wahrnehmen und die Ordination wünschen, könnten unverzüglich zu Priestern geweiht werden.

Es gibt Hunderte von Priestern, die auch in Deutschland allein wegen des Eheverbots den priesterlichen Beruf aufgeben mussten und die sofort in die Gemeinden zurückgerufen werden könnten. Und schließlich darf den Frauen die Ordination nicht länger vorenthalten werden. Dabei wäre es höchste Zeit, dem Beispiel von Jesus und auch Luther zu folgen: Beide waren Feinde kirchlicher Hierarchien und wollten niemanden aus dem innersten Kreis aussperren, sondern luden im Gegenteil alle Menschen dahin ein.

Die katholische Kirche befindet sich mit der Aufrechterhaltung des Zölibats und dem Verbot des Frauenpriestertums auf einer Ebene mit den iranischen Ajatollahs und den Taliban im Hindukusch und außerhalb der geistigen Welt des Evangeliums, denn Jesus hatte auch Frauen und Verheiratete als Jünger.

Die Reformation hätte wohl einen anderen Verlauf genommen, vermutet Hans Küng, wenn Rom den Forderungen nach der Volkssprache in der Liturgie, nach dem Laienkelch, der Priesterehe und der Frauenordination stattgegeben hätte.[29] Es hat 450 Jahre gedauert, bis man auf dem II. Vatikanischen Konzil die beiden ersten Irrtümer einsah. Wie lange wird es noch dauern, bis die beiden anderen Irrtümer endlich von Rom, der Kurie und einer starren Theologie eingestanden werden?

Dass es damit allein nicht getan ist, sondern auch die Arbeitsbedingungen für Pfarrer dringend verbessert werden müssten, zeigt ein Blick auf die evangelische Kirche, die ebenfalls unter Nachwuchsproblemen leidet, obwohl ihre Pastoren und Pastorinnen ja keinem Eheverbot unterliegen. Denn für viele junge Leute ist der Beruf des Pfarrers einfach nicht mehr attraktiv, u. a. weil sie sehen, dass er mit enormen Opfern verbunden und möglicherweise nicht mit der Art Privatleben vereinbar ist, das sie sich wünschen: So gut wie kein freies Wochenende, weil ja gerade dann gepredigt, beerdigt, getauft und getraut werden muss, Hochbetrieb an kirchlichen Feiertagen wie Ostern, Pfingsten oder Weihnachten, Erreichbarkeit für die Nöte der Gläubigen rund um die Uhr, selbst an dem einen freien Tag in der Woche. Dass auch die evangelische Kirche aufgrund des Mitgliederschwunds und marktwirtschaftlicher Überlegungen immer mehr Pfarreien schließt, bürdet den verbleibenden Pfarrämtern eine zusätzliche Last auf. Viele Seelsorger und Seelsorgerinnen stoßen hier an die Grenze ihres psychischen und physischen Leistungsvermögens. Hinzu kommen die Kollateralschäden für die ganze Gemeinde.

Dazu nur ein Beispiel aus dem katholischen Bereich: Im Bistum Speyer sollen 346 Pfarreien aufgelöst und zu 70 Großpfarreien zusammengefasst werden. Mit der Auflösung dieser Gemeinden verlieren 32 Sozialstationen ihre Mitglieder, und sie wissen nicht, ob die Großgemeinden wieder Mitglieder werden. Die Krankenpflegevereine sind ebenso gefährdet wie die Ministrantengruppen und die Frauengemeinschaften, die es in den einzelnen Gemeinden gibt. Die durchgehende Ökonomisierung der Gesellschaft und die Degradierung des Menschen zum Kostenfaktor haben inzwischen die Ordinariate und Synoden voll erfasst. Statt dem allgemeinen kapitalistischen Trend zu folgen, nämlich Personal abzubauen und den Verantwortungsbereich der verbleibenden Pfarrer auszuweiten, müssten die Kirchen Personal aufstocken und ihre Präsenz in den Gemeinden verstärken. Nur so kann der einzelne Pfarrer entlastet und der Beruf für junge Menschen wieder attraktiver werden. Und nur so wird man die Menschen wirklich erreichen und an sich binden und vielleicht den Mitgliederschwund stoppen können. Seelsorge muss vor Ort geschehen, sie lässt sich outsourcen nur um den Preis der Überforderung des Kirchenpersonals, der Entfremdung der Gläubigen und der Zerstörung wichtiger Infrastrukturen.

Wider die weltweite Diskriminierung der Frauen

Die theologisch begründete Diskriminierung und Herabwürdigung der Frauen sowie die Dämonisierung vor allem der weiblichen Sexualität hatten und haben gravierende gesellschaftliche Folgen, unter denen alle Frauen leiden müssen – auch bei uns. Zur Erinnerung:

Das Frauenwahlrecht gibt es in den USA und Deutschland erst seit 1920, in Frankreich seit 1946, in der Schweiz seit 1971, und im protestantisch dominierten Schweizer Kanton Appenzell Innerrhoden wurde den Frauen erst 1990, und auch dann noch entgegen einem Mehrheitsentscheid der dortigen Männer, das Stimmrecht auf kantonaler Ebene zugestanden. Über 50 Prozent der Studierenden sind weiblich, aber nur 20 Prozent der Professorinnen.[30] Lediglich fünf Prozent der 200 größten börsennotierten Unternehmen in Deutschland wurden 2014 von Frauen geleitet.[31] Nach einer Scheidung verdoppelt sich die Armutsquote von Frauen, während die Armutsquote von Männern davon so gut wie unberührt bleibt und sich in den Folgejahren sogar verringert, während sie bei den Frauen auf hohem Niveau verharrt.[32] In Deutschland bekommt eine Frau für jeden Euro, den ein Mann verdient, durchschnittlich nur 79 Cent.[33]

Dennoch dominieren die Männer die Frauen nach wie vor, weil die meisten Männer immer noch so denken wie Paulus und die Kurie. Islamische und hinduistische Männerhorden jagen vierzehnjährige Mädchen, vergewaltigen sie und hängen sie dann an Bäumen auf. Jedes Jahr sprechen Tausende Dorfmullahs in Pakistan die Fatwa aus gegen Ehefrauen, denen von ihren Männern Ehebruch und Unzucht vorgeworfen wird. Um diese Anschuldigungen zu widerlegen, brauchen die Frauen mindestens drei männliche Zeugen, die sie natürlich nie finden. Infolgedessen werden sie bis zur Brust oder bis zum Hals im Sand eingegraben, und dann beginnt die Steinigung bis zu ihrem elenden Tod, und oft müssen die Kinder auf ihre Mutter den ersten Stein werfen.

Wo man auch hinschaut, regieren Männer und kujonieren die Frauen. Was will die Machogesellschaft eigentlich den Frauen anhängen? Es waren, wie Michael Moore in seinem Buch »Stupid White Men« schreibt, von Anfang an stets Männer, die an Projekten arbeiteten, die geeignet waren, die ganze Welt zugrunde zu richten. Und die Frauen? »Die können nichts dafür. Sie fuhren fort,

Leben in diese Welt zu bringen; wir [die Männer] fuhren fort, es zu vernichten, wann immer wir konnten. Wie viele Frauen kamen jemals auf die Idee, eine ganze Menschenrasse auszurotten? Wie viele Frauen haben Öl in die Ozeane gekippt, haben je Giftstoffe in unsere Nahrungsmittel gemischt …?«[34] Was werden wir tun, fragt Michael Moore weiter, wenn wir merken, dass es ein ganz bestimmtes Geschlecht unter den Menschen gibt, das sich anscheinend aufgemacht hat, alles zu zerstören?

Luther müsste heute die katholische Kirche auffordern, sich bei den Frauen zu entschuldigen für die krasse Diskriminierung, der sie durch Amtskirche und Theologie in den letzten 2000 Jahren ausgesetzt waren. Statt die Menschenwürde der Frauen weiterhin wie die iranischen Ajatollahs und die Taliban im Hindukusch zu verletzen, sollte die katholische Kirche die volle Gleichberechtigung der Frauen endlich anerkennen und sich in die vorderste Front beim Kampf gegen den weltweiten Geschlechtsrassismus stellen. Dazu gehört ganz zentral, alle frauendiskriminierenden und frauenfeindlichen Dogmen, Verlautbarungen, Verhaltensweisen, Hierarchien, insbesondere den Zölibat und das Verbot der Priesterweihe von Frauen, aufzuheben und die gesamte Sexualmoral der Theologie von Grund auf zu revidieren. Ich fürchte, es wird noch Jahre dauern.

Philipp von Hessen, die Bigamie und der Sexmissbrauch[35]

Philipp von Hessens 1523 geschlossene Ehe mit der Tochter Georgs von Sachsen war nicht glücklich, obwohl oder vielleicht weil das Paar sieben Kinder hatte. Im Spätsommer 1539 lernte der Landgraf dann die 17-jährige sächsische Adlige Margarete von der Sale kennen. Ihre Mutter Anna von der Sale wollte einem Verhältnis ihrer Tochter mit dem Landgrafen aber nur zustimmen, wenn es als Nebenehe legitimiert würde. Philipp bemühte sich deshalb um die Zustimmung Luthers, Melchanthons und des sächsischen Kurfürsten zu der geplanten Doppelehe.

Nach langem Hin und Her fand dann im März 1540 die Trauung Philipps mit Margarete von der Sale in Rotenburg an der Fulda statt. Zu den Trauzeugen gehörten Bucer und der ahnungslos vom Bundestag in Schmalkalden herbeigeholte Melanchthon, der damit ebenfalls in die Angelegenheit verwickelt wurde. Luther und Melanchthon erteilten dem Fürsten einen sogenannten geheimen Beichtrat, indem sie die Doppelehe billigten unter der Voraussetzung, dass sie geheim bliebe. Das war aber nicht mehr möglich, weil das Gerücht schon in der Welt war und immer weitere Kreise zog. Luther leugnete jedoch auf Anfragen die Heirat und flüchtete sich in die Ausrede, über Fürsten und ihre Angelegenheiten solle man sich nicht äußern, ohne Bescheid zu wissen.

Luther gab in dieser Sache nach, weil er fürchtete, dass Philipp von Hessen sich über kurz oder lang doch mit dem Kaiser verbünden würde, womit er durchaus richtig lag, weil im Schmalkaldischen Krieg der Landgraf auf die Seite des Kaisers überschwenkte. Aber da war Luther bereits tot.

Der sensible Melanchthon war dieser seelischen Strapaze nicht gewachsen und wurde schwer krank. Er verweigerte die Nahrungsaufnahme und wollte nicht mehr ins Leben zurückkehren. Luther setzte ihn aber erfolgreich unter Druck und konnte wenig später seiner Käthe mitteilen: »*Ich fresse wie ein Böhme und saufe wie ein Deutscher, das sei Gott gedankt, Amen. Das kommt daher, M. Philipps ist wahrscheinlich Tod gewest und recht wie Lazarus vom Tod auferstanden.*«[36]

Dieser geheime Beichtrat für Philipp von Hessen war nach einstimmigen Kommentaren der Biographen und der Geschichtswissenschaftler einer der schwersten Fehler, die Luther unterlaufen sind. Und Luther selber ist neben dem Landgrafen dafür von der Geschichte haftbar gemacht worden. Sein eigentliches Versagen bestand noch nicht einmal in dem Beichtrat selber, sondern in dem Versuch, die Sache zu vertuschen, und in der Unterschätzung der öffentlichen Reaktion darauf, was sich negativ auf die Reformation auswirkte und diese in Misskredit brachte.

Luther und die Missbrauchsfälle

Vor diesem Hintergrund müsste Luther heute beiden Kirchen den Rat geben, Fehler, Missgriffe und erst recht so schwerwiegende Ereignisse wie die Missbrauchsfälle nicht zu verstecken oder vertuschen zu wollen. Die katholische Kirche konnte bei der Aufarbeitung der Missbrauchsfälle keinen schwereren Fehler machen als den ständigen Versuch, die Sache im Geheimen zu erledigen.

Er ist ein kluger und mutiger Mann, der frühere Rektor des Canisius-Kollegs in Berlin, der Jesuitenpater Klaus Mertes, der das Vertuschen dieser Fälle beendete und sie an das Licht der Öffentlichkeit brachte.[37] Er war standfest genug, um allen Pressionen, Drohungen und Verleumdungen, z. B. als Nestbeschmutzer, zu widerstehen und das schwer beschädigte Vertrauen in die Amtskirche einigermaßen wiederherzustellen.

Aber wie war es eigentlich möglich, dass Luther, obwohl es keinen vernünftigen Grund für den Beichtrat gab, dennoch diesen Dispens erteilte? Denn der Fürst war in keiner Notlage, er war nur seiner abgehärmten Frau überdrüssig und wollte die junge Prinzessin haben. Mit demselben Recht muss man aber auch die Frage stellen, warum z. B. in beiden Kirchen den Opfern des Missbrauchs Schweigegelübde abgerungen und diese zur Bedingung für Entschädigungszahlungen gemacht wurden. In beiden Fällen zeigt sich in einer moralisch kritischen Situation eine Abschottungs- und Bunkermentalität nach Art einer geschlossenen Gesellschaft oder einer mafiösen Absprache mit ethisch dubiosem Corpsgeist, einer unmoralischen, fast kriminellen Kameraderie sowie einer die Sünde relativierenden Moral, um nach außen eine weiße Weste behalten zu können.

Hexen

Zu den unschönen Kapiteln der Lutherzeit, die nicht unterschlagen werden dürfen, gehört die damalige Hexentheologie, nach der Frauen dämonische, teuflische Fähigkeiten und Eigenschaften bekämen, wenn sie vorher einen Pakt mit dem Teufel abgeschlossen hätten. Luther hat den Wahnsinn uneingeschränkt übernommen. In seiner Erklärung des Begriffs »Hexe« aus dem Jahr 1522 hat er die Hexen und Zauberer eindeutig definiert:

Die Zauberer oder Hexen, das sind die bösen Teufelshuren, die da Milch stehlen, Wetter machen, auf Böcken und Besen reiten, auf Mänteln fahren, die Leute schießen, lähmen, verdorren, die Kinder in der Wiege martern, die ehelichen Gliedmaßen bezaubern, die da können den eine andere Gestalt geben, dass eine Kuh oder Ochs scheinet, dass in der Wahrheit ein Mensch ist, und die Leute zur Liebe und Buhlschaft zwingen und des Teufels Dinge viel.[38]

Die Kirche, genauer Papst Johannes XXII. (1316–1334), hatte in der Bulle »Super illius specula« angeordnet, dass den Hexen der Inquisitionsprozess gemacht werden könne. Papst Innozenz VIII. hat, wie schon erwähnt, die Verurteilung dieser Frauen durch die berüchtigte Hexenbulle »Summis desiderantes affectibus« weiter verschärft. Die Kirche setzte bestimmte Inquisitoren ein, die Hexenverbrechen verfolgen sollten. Beauftragt wurden Heinrich Kramer, genannt Henricus Institoris, sowie Jacobus Sprenger, die auch den berüchtigten »Malleus maleficarum« bzw. »Hexenhammer« geschrieben haben. Der erste Teil behandelt die theoretischen Grundlagen für die Hexenverfolgung, und im zweiten Teil wird ausführlich erklärt, wie Hexenprozesse geführt werden müssen und vor allem wie man die für die Verurteilung notwendigen Geständnisse durch Folter erreichen kann. Durch diese Methode wurden immer mehr Hexen gefunden, weil die Frauen unter der Folter andere Frauen anklagten, um von der Folter loszukommen, was ihnen aber nichts nützte, weil sie dennoch auf dem Scheiterhaufen verbrannt wurden.

Wie Wolfgang Wippermann in »Rassenwahn und Teufelsglaube« darstellt,[39] erhoben sich gegen diese grauenhafte Verirrung der damaligen menschlichen Gesellschaft, die sich ja zum Christentum bekannte, schon frühzeitig Stimmen, die die Angst vor der Teufelsbuhlschaft und dem Hexenflug auf Besen und Mänteln als Aberglauben verurteilten, z. B. die Humanisten Ulrich

Molitor und Erasmus von Rotterdam, ebenso Agrippa von Nettesheim, der die Hexenverfolgung als Auswuchs von »Hirngespinsten« und »Sophismen« bezeichnete, womit »unschuldige Weiber zur Folter« gebracht und als Ketzerinnen verurteilt würden. Willibald Pirckheimer machte sich 1520 in einem Theaterstück gar öffentlich über den Hexenglauben von Luthers Widersacher Johannes Eck lustig. Luther konnte nicht mitlachen. Obwohl er die mittelalterliche Dogmenhuberei der Scholastik und die gläubige Abhängigkeit der Menschen von Papst und Priestern – eine wahre Revolution – beseitigt hatte, übernahm er den Hexen-Aberglauben in seine Theologie. In seinem »deutschen Katechismus« von 1529 heißt es zum ersten Gebot Gottes:

Du sollst nicht andere Götter haben ... Hierher gehören auch, die es gar zu grob treiben und mit dem Teufel einen Bund machen, dass er ihnen Geld genug gebe oder zur Buhlschaft helfe, ihr Vieh bewahre, verlorenes Gut wiederbeschaffe usw. wie die Zauberer und Schwarzkünstler. Denn diese alle setzen ihr Herz und Vertrauen anderswo, denn auf den wahrhaftigen Gott, versehen sich kein Gutes von ihm, suchens auch nicht bei ihm.[40]

Auch Luthers Familie glaubte an die Hexen- und Zaubererwelt. Im konkreten Fall von Martin Luthers Entscheidung, Mönch zu werden, war der aufgebrachte Vater davon überzeugt, dass der Blitzschlag in der Nähe von Stotternheim keine göttliche Offenbarung, sondern vielmehr »Verblendung und Hexenwerk« gewesen sei.

Noch in seiner Wittenberger Zeit blieb Luther Gefangener des Aberglaubens der Gesellschaft. Dabei hielt er die Frauen für abergläubischer als die Männer. Zauberinnen wollte er hingerichtet sehen als Strafe für die Schäden, die sie verursachten. Und die vielen Wettermacherinnen, die die Milch stahlen und die Leute verletzten, sollten den Folterknechten übergeben werden. Aber Luther schwor in diesen Fällen auch auf die Macht des Gebets, schließlich hatte er sich schon gegen ganz andere Angriffe des Teufels erfolgreich zur Wehr gesetzt. Dessen Macht war für ihn nicht grenzenlos. Auch sollte man nicht jedes Unglück den Zauberern zuschreiben, denn man könnte es dabei ja durchaus auch mit einer Schickung Gottes zu tun haben. Zauberei wäre im Spiel, wenn aus Wunden Kohlen, Haare oder Waffen kämen, wie Luther es selbst bei der Gräfin von Mansfeld gesehen haben wollte.[41] Da die zwei hier mutmaßlich beteiligten Zauberinnen aber nicht büßen wollten, belegte Luther sie mit einem Bann, weshalb ihnen wahrscheinlich danach der Prozess gemacht und sie hingerichtet wurden.

In der Folge wurden Zehntausende von Frauen gefoltert und verbrannt, darunter auch die Mutter von Johannes Kepler. Doch immer öfter wurde dieses Verbrechertum auch angeprangert. Der Jesuit Friedrich von Spee

(1591–1635) kritisierte in seiner 1631 veröffentlichten Schrift »Cautio criminalis« die Hexenprozesse und bezweifelte ihren Sinn und Nutzen, weil die Geständnisse ja nur durch die Folter zustande gekommen seien. Es handele sich bei der Hexerei um Ammenmärchen. Der holländische Pastor Balthasar Bekker (1654–1698) und der Rechtsprofessor Christian Thomasius (1655–1728) hieben in dieselbe Kerbe. Und so wurden die Hexenprozesse im Verlauf des 18. Jahrhunderts endlich eingestellt. In Deutschland fand die letzte Hexenverbrennung 1775 in der Fürstabtei Kempten statt.[42]

Wie war es möglich, dass der große Reformator Luther ein Anhänger des Hexenglaubens blieb, anstatt diesen zu überwinden? Andere aufgeklärte Köpfe seiner Zeit lehnten diesen doch ab. Für Wolfgang Wippermann ist die Antwort einfach: »Weil er auch den Teufelsglauben nicht überwunden hat. Luther war in einer schon pathologisch wirkenden Weise teufelsgläubig. Ständig hat er sich persönlich vom Teufel verfolgt gefühlt.«[43]

Teufel und Intoleranz

Teufelshysterie und Hexenwahn könnte Luther heute natürlich nicht mehr verbreiten, würde er mit Sicherheit auch nicht tun. Aber die dahinterstehende Geisteshaltung, die zu Luthers Zeit Johannes Hus und andere »Ketzer« auf den Scheiterhaufen schickte und Großinquisitoren hervorbrachte, die Bücher- und Hexenverbrennungen anordneten, gibt es auch heute noch, und sie ist keineswegs beschränkt auf die jüngere deutsche Vergangenheit des Nationalsozialismus und Holocaust: Die Fundamentalisten der amerikanischen Rechten sprengen, wie in Oklahoma, schon mal ein paar hundert Leute in die Luft, ihre christlich-fundamentalistischen Landsleute schlagen zwar keine katholischen Kinder auf dem Schulweg, wie das die Protestanten in Nordirland taten, aber sie erschießen schon mal Ärzte, die Abtreibungen vornehmen, und greifen auch Homosexuelle an. Die Fernsehprediger dieser protestantischen Erweckungsgemeinschaften haben den Terroranschlag vom 11. September 2001 oder die Überschwemmung von New Orleans und andere Katastrophen als Vergeltung Gottes für den Sittenverfall des amerikanischen Volkes gedeutet. Luther müsste die Führungskräfte der protestantischen Kirchen weltweit dazu aufrufen, dafür zu sorgen, dass derart intolerantes Gedankengut nicht das protestantische Denken infiziert.

Den schlimmsten Hexenwahn exekutieren in diesen Jahrzehnten Islamisten, Dschihadisten, die Kriminellen des Islamischen Staates, die Jesiden, Christen, Schiiten enthaupten und verbrennen. Anstatt Asyl suchende Sinti und Roma abzuweisen, sollten die deutschen und europäischen Behörden die modernen Hexenverbrenner, die Salafisten, Dschihadisten und ihre Hassprediger, des Landes verweisen. Islamisten und die Hexenverbrenner und Juden-Täufer-Verfolger haben etwas Gemeinsames: Sie kennen oder akzeptieren nicht den unabdingbaren Schutz der menschlichen Würde und die daraus resultierenden universell gültigen Menschenrechte. Bis in die Gegenwart werden Menschen, wenn sie einer unerwünschten Klasse oder Rasse, einer fremden Nation, einer anderen Religion oder dem falschen Geschlecht angehören, liquidiert, vergast, gesteinigt, ausgepeitscht und verbrannt. Die falschen Menschenbilder waren und sind die Ursachen für die schlimmsten Verbrechen der Menschen. Wer gibt und zeigt uns das richtige Menschenbild? Es ist das Evangelium. Hier steht, dass die Würde jedes Menschen unantastbar ist. Dieser essentielle Teil der christlichen Botschaft fehlt im lutherischen Theologiegebäude fast vollständig.

Heilige

Wenn in Zukunft ständig alle frisch verstorbenen Päpste heiliggesprochen werden, dazu noch unter Heranziehung höchst zweifelhafter Wunder wie bei Johannes Paul II., wird die Heiligenverehrung kirchenpolitisch missbraucht. Dabei habe ich gar nichts gegen Heilige, im Gegenteil. Ich finde es schade, dass die Reformatoren die Heiligen aus dem Verkehr gezogen, ihre Bilder zerstört und den Heiligenhimmel leergefegt haben. Warum eigentlich sollen Menschen, deren gute Taten bezeugt sind, nach ihrem Tode nicht Vorbilder sein können? Das

Wesen Gottes ist für alle Menschen unklar, für viele ein großes Geheimnis, für wieder andere etwas Unheilvolles, Gewaltiges, das man nicht begreifen kann – mit Ausnahme von Jesus, von dem man weiß, dass er gelebt und was er gesagt hat. Es ist gut, wenn viele daran glauben können, dass Menschen, die leibhaftig gelebt haben, schon als Vorläufer im Paradies sind und vielleicht dem Gott und seinen Engeln erzählen können, wie es auf der Erde zugeht.

An ihrer Stelle hat der Protestantismus überall neue Götzen geschaffen. Ich will von den Kriegerdenkmälern mit Stahlhelmsoldaten vor den meisten Kirchen gar nicht reden. Wo man hinkommt, gibt es Lutherstandbilder, Marmormonumente und Ölgemälde von Melanchthon, Zwingli, Calvin sowie unzählige Bismarckdenkmäler. Sie sind vom deutschen Protestantismus und von der wilhelminischen Monarchie finanziert und aufgestellt worden.

Die Standbilder von Wilhelm I. und Wilhelm II. als reitende Sieger zu Pferde sind jedes Mal ein Anlass zur Heiterkeit, wenn man über die Hohenzollernbrücke zum Kölner Hauptbahnhof fährt. Dabei haben sie Deutschland durch das kleindeutsche Reich gespalten und gerade mal 46 Jahre regiert – ziemlich dünn für ein Kaiserreich. Mitten in Berlin steht die Siegessäule aus der wilhelminischen Ära am Großen Stern und ist umgeben von Standbildern, die aber nicht den heiligen Franziskus, Elisabeth von Thüringen, Johann Hinrich Wichern oder Albert Schweitzer zeigen, sondern Generäle, die

Schlachten geschlagen haben, die in den Reliefs der Siegessäule blutrünstig dargestellt sind: Roon, Gneisenau, Scharnhorst etc. Die Siegessäule müsste genauso in die Luft gesprengt wie die Judensauen zertrümmert werden müssten, die an der Schlosskirche zu Wittenberg, aber auch an anderen Kirchen zu besichtigen sind.

Kapitel VII

Der kompromisslose Luther

Luther und die Confessio Augustana – Der Tod
Zwinglis – Luther und die Bauernbewegung –
Todesstrafe für die Täufer – Die Gewaltfrage –
Die Befreiungstheologie – Der realistische
Pazifismus des Evangeliums

Luther und die Confessio Augustana[1]

Es offenbarte sich bei Luther eine Eigenschaft, die einem großen Religionsführer zur Verfügung stehen musste, wenn er Erfolg haben wollte. Luther war intelligent, er war intellektuell vielen überlegen. Aber er war eben auch konsequent und in zentralen Fragen zu keinen Kompromissen bereit. Dies war öfter der Streitpunkt mit Philipp Melanchthon. Luthers entscheidende Idee war sein Glaube an Gott, vor allem an Jesus Christus und die Gnade der Erlösung. Es war der Glaube an einen Christus, der keine Vermittlung von Päpsten, Bischöfen und Priestern, geschweige denn von Heiligen oder von Maria notwendig hat. Deswegen ließ er auf Christus nichts kommen. Alles, was diesen Glauben an Christus beeinträchtigte, und jeden, der etwas anderes meinte, bekämpfte er mit allen Mitteln. Er hat mit Hilfe der Obrigkeit, d. h. mit Hilfe des Kurfürsten, dafür gesorgt, dass Theologen, die nicht seiner Auffassung waren, keine Pfarreien bekamen oder ihre Posten im Bereich des Kurfürstentums Sachsen verloren. Er war bekannt und gefürchtet wegen seines verbalen Wütens gegen alle, die in der Theologie eine andere Auffassung hatten, und diese Intoleranz gipfelte nicht nur im Hass gegen den Papst und die sogenannten Altgläubigen, sondern auch gegen die Neugläubigen, wenn sie von der Luther'schen Dogmatik abwichen. Diese Intoleranz machte ihn unfähig zu Kompromissen, was zu den Konflikten bei der Vorbereitung der Confessio Augustana, des Augsburger

Bekenntnisses der lutherischen Reichsstände zu ihrem Glauben von 1530, mit Melanchthon führte, der zu Zugeständnissen an Zwingli und die Katholiken bereit war. Dem Reformer Zwingli gegenüber blieb er eisenhart, vor allem die Eucharistie betreffend, also die Frage, ob Brot und Wein, wenn sie in angemessener Weise dargereicht würden, Leib und Blut Christi enthielten oder nicht. Auch in diesem Punkt gab es auf dem Reichstag zu Augsburg 1530 keine Einigung mit den Katholiken.

Auf diesem Reichstag ging es auch um hohe Politik. Nachdem Ungarn von den Türken besiegt war, befürchtete man deren Invasion, die verheerender sein würde als alle bisherigen Kämpfe. Aus diesem Grund wollte der Kaiser die Auseinandersetzungen innerhalb der Christenheit so schnell wie möglich beenden. Melanchthon sollte während des Reichstags eine maßvolle Erklärung verfassen, die, wie der Kaiser hoffte, Anklang bei den moderaten katholischen Denkern finden würde und so die Basis für weitere Verhandlungsgespräche sein könnte. Aber die Zeit verging, und ein Kompromiss kam nicht zustande. Nicht nur, weil Papst Clemens VII. nicht mitmachte und der von ihm gesandte Kardinal Lorenzo Campeggio eine so feindselige Haltung gegenüber den Protestanten vertrat, dass er alles blockierte. Sondern auch, weil Luther in der Frage der Eucharistie nicht nachgab.

Der Tod Zwinglis

Luther steigerte sich in eine regelrechte Wut auf Zwingli hinein, weil der in der Abendmahlslehre die reale Präsenz Christi in Brot und Wein beim Abendmahl ablehnte.

Als die Zürcher Stadtoberen und Zwingli eine Lebensmittelsperre über die katholischen innerschweizer Orte und Kantone Schwyz, Zug und Uri verhängten, fiel es den in die Enge Getriebenen nicht schwer, ein aufgebrachtes katholisches Heer gegen Zürich zu mobilisieren. Die Zürcher verloren in der Schlacht am Berghang über der ehemaligen Zisterzienserabtei von Kappel. Zwingli erschien in voller Montur und Rüstung zum Kampf, trotzdem wurde er schnell vom restlichen Heer isoliert und geradezu niedergemacht. Luthers Reaktion auf die Nachricht von Zwinglis Tod war gnadenlos und ohne Erbarmen, wohingegen sie einem anderen Kampfgenossen, nämlich dem schwerkranken Johannes Oecolampadius, so zu Herzen ging, dass er nur wenige Wochen später starb.[2]

Dabei war Luther durchaus zu echter Freundschaft fähig, so eben mit Philipp Melanchthon, auch wenn ihn dessen Kompromissbereitschaft immer wieder irritierte. Standpunkte, die ihm nicht so wichtig waren, gab er um der Sache willen auf. Das Wichtigste für ihn war die Rettung seiner Theologie, seiner »Kirche«. Er konnte diese Idee nicht mit dem Kaiser, aber auch nicht mit dem niederen Adel realisieren, wie der gescheiterte Ritteraufstand Anfang der 1520er Jahre bewies. Also benötigte er die Unterstützung der Fürsten. Und dieser Gedanke brachte ihn zu seiner vielkritisierten Position gegen die Bauern in den Bauernkriegen.

Luther und die Bauernbewegung

Im Frühjahr 1525 unternahm Luther eine Predigtreise durch den Harz, die Heimat Thomas Müntzers, wo sich in dieser Zeit die ersten Bauernhorden zusammenzurotten begannen. Er wollte damit Graf Albrecht von Mansfeld zu Hilfe kommen und die Bauern zum Frieden mahnen. Also predigte er den Leuten, sie sollten sich den gekreuzigten Christus zum Vorbild nehmen, der sein Leiden demütig und ohne Murren auf sich genommen habe. Für die Bauern war Luthers fromme Predigt ein Ärgernis, eine Provokation. Er war in ihren Augen ein wohlsituierter Professor, der gerne viel und gut aß und keine Ahnung hatte vom Leben in Knechtschaft und Ausbeutung. Nicht von ungefähr nannte Thomas Müntzer ihn »Bruder Mastschwein und Bruder Sanftleben«.[3] Die Zuhörer in den Kirchen protestierten und läuteten mit den Glocken.

In diesen Predigten und in seiner »Ermahnung zum Frieden auf die zwölf Artikel der Bauernschaft in Schwaben«, die er zu dieser Zeit verfasste, war Luther noch um

Ausgleich bemüht. Den weltlichen Fürsten und geistigen Herren sagt er in seiner Flugschrift eingangs in aller Deutlichkeit, sie hätten die Aufstände durch ihre Geldeintreiberei und ihre unerträgliche Schinderei der Leute selbst heraufbeschworen. Und droht ihnen unverhohlen: »*Denn das sollt ihr wissen, hebe Herren: Gott schaffts so, dass man eure Wüterei nicht kann noch will noch solle auf die Dauer dulden. Ihr müsst anders werden und Gottes Wort weichen. … Denn er will euch schlagen und wird euch schlagen.*« Viele der zwölf Artikel bezeichnet er hier ausdrücklich als »*billig und recht*«. Aber er macht ganz klar, dass nicht er die Bauern aufwiegelt und dass die Bauern sich für ihr Tun nicht auf ihn berufen können. Denn die Bauern hätten keinerlei Recht dazu, ihre Forderungen gewaltsam durchzusetzen: »*Dass die Obrigkeit böse und ungerecht ist, entschuldigt keine Zusammenrottung noch Aufruhr. Denn die Bosheit zu strafen, das gebührter nicht einem jeglichen, sondern der weltlichen Obrigkeit, die das Schwert führt.*« Er dekliniert sodann die halbe Bibel durch, um zu belegen, dass wahre Christen keine Gewalt anwenden dürften und auch nicht müssten, weil Gott für sie streite. Die Rache ist mein, spreche der Herr (5 Mose 35) – und sie würde die Fürsten mit Sicherheit ereilen, siehe oben. Selbst die Leibeigenschaft ist Luther zufolge in der Bibel begründet, schließlich hätten Abraham und andere Patriarchen und Propheten auch Leibeigene gehabt. Das Evangelium dürfe nicht zur Rechtfertigung gewaltsamen und damit unchristlichen Tuns herhalten. Auch zielten die Forderungen der Bauern alle auf weltlichen Gewinn – Freiheit und Besitz – ab und nicht auf das ewige Seelenheil, weshalb sie außerhalb des Evangeliums stünden. Abschließend ruft Luther beide Seiten zu Besonnenheit auf; weder die Herren noch die Bauern handelten im Einklang mit Gottes Willen, weshalb keinem von beiden das Recht zu Gewalt und Blutvergießen zustünde.[4]

Doch die Leute ließen sich nicht derart belehren, und unter dem Eindruck der immer weitere Kreise ziehenden Ausschreitungen veränderte sich Luthers Haltung. Insbesondere die »Weinsberger Bluttat« vom April 1525, wo aufständische Bauern den Grafen Ludwig von Helfenstein zusammen mit einem Dutzend adliger Begleiter am Ostersonntag hingerichtet hatten, ließ ihn jegliche Sympathie mit der Sache der Bauern verlieren. Den zögerlich und abwartend auf die Unruhen reagierenden Grafen Albrecht forderte er am 4. Mai zu hartem Durchgreifen auf: »er möge nicht weich werden, sondern das Schwert ziehen«; der Graf tötete auch prompt 70 Aufständische und brannte ein Dorf nieder, was einen Sturm der Bauern auf alle Klöster der Grafschaft zur Folge hatte.[5]

Der Aufstand der Bauern wuchs zu einer breiten Volksbewegung des gemeinen Mannes an, an deren Spitze Luthers gefährlichster innerpolitischer und innerprotestantischer Kontrahent Thomas Müntzer stand. Dieser verbreitete überall seine eschatologischen, mehr und mehr auch sozialrevolutionären Überlegungen. Müntzers Erfolg ließ Luther um seine Kirchenreform bangen, zu deren Schutz er die Fürsten brauchte. Deshalb erklärte er nun die Bauern zu Räubern und Mördern, die einen Umsturz betrieben und ihren Treueeid auf die Obrigkeit gebrochen hätten. Das legte er in seiner berüchtigten Schrift »Wider die räuberischen und mörderischen Rotten der Bauern« vom Mai 1525 dar, die in dem unmissverständlichen Aufruf an die Fürsten gipfelt: *»Darum soll hier (zerschmettern), würgen, und stechen, heimlich und öffentlich, wer da kann, und gedenken, dass es nichts giftigeres, schädlicheres, teuflischeres sein kann als ein aufrührerischer Mensch, gleich als wenn man einen tollwütigen Hund totschlagen müsste, schlägst du nicht, so schlägt er dich und ein ganz Land mit dir.«*[6] Und er war der Auffassung: *»dass ein Fürst den Himmel mit Blutvergießen verdienen kann, besser als andere mit Beten«* und: *»Darum, liebe Herren, erlöset hier, rettet hier, helft hier. Erbarmet euch der armen Menschen. Steche, schlage, würge hier, wer da kann. Bleibst du drüber tot, wohl dir, seligeren Tod kannst du nicht mehr überkommen.«*[7]

Luther beurteilte den Aufstand mit all seinem Blutvergießen und der hinterlassenen Verwüstung als ein Verbrechen, das noch schlimmer als Mord sei. In Anbetracht des Aufstands gäbe es schlicht keine andere Wahl als Gewalt. Bei dieser Beurteilung zählte für Luther das Argument der Aufständischen, dass alle Menschen, besonders alle Getauften, gleich seien und darum gleichen

Anspruch auf die Güte der Schöpfung und Herrschaft hätten, nicht.[8]

Dabei hätte die 12-Punkte-Erklärung der oberschwäbischen und der allgäuer Bauern ohne weiteres als Grundlage für einen Friedensschluss zwischen den Fürsten und den Bauern dienen können. Aber auch Fürsten und Adel wollten keine Kompromisse. Diese Bauernerklärung war vielleicht eine Utopie, aber sie war auf jeden Fall eine Wiederentdeckung des Evangeliums. Ihre Forderung, auch die politischen und gesellschaftlichen Fragen in christlich-brüderlicher Rücksichtnahme zu ordnen, stand ja im Einklang mit der politischen Dimension des Evangeliums, die Luther nicht erkannte.

Am 15. Mai 1525 wurden unter der Führung von Philipp von Hessen, Georg von Sachsen, Heinrich von Braunschweig sowie der Grafen von Mansfeld die thüringischen Bauern vernichtend geschlagen. Tausende wurden das Opfer so unbarmherziger Grausamkeiten, dass darüber sogar die Mansfelder Grafen entsetzt waren. Luther befürwortete die Strafen zur Abschreckung, er mahnte die Fürsten aber auch, Gnade walten zu lassen, im Übrigen blieb er trotz der massiven Proteste in ganz Deutschland bei seiner theologischen Begründung: Im politischen Bereich gelte das Gebot des Obrigkeitsgehorsams und nicht die Barmherzigkeit. Zu Gottes Reich gehörten Gnade und Barmherzigkeit, das weltliche Reich sei Diener des göttlichen Zorns zur Abwehr des Bösen, deshalb gehöre zu ihm das Schwert und nicht der Rosenkranz.[9]

Der von den Fürsten brutal gefolterte und hingerichtete Müntzer sah dagegen laut Heinz Schilling »in Aufstand und Gewalt nicht eine Gefahr, sondern eine Chance für das Evangelium«; er predigte »den Anbruch des in der Apokalypse vorhergesagten Tausendjährigen Christusreiches« und stellte sich in die schon von anderen mittelalterlichen Reformern – etwa Joachim von Fiore, Girolamo Savonarola, den böhmischen Taboriten – vertretene »sozialrevolutionäre Tradition, die innere und äußere Ordnung gleichsetzte, um die Welt in ihrer Ganzheit zu heiligen«.[10] Luther hingegen unterschied sorgfältig zwischen Theologie und Politik, religiös geistlicher und materiell irdischer Welt.

Seine Position war aber fatal: Die Durchsetzung des Evangeliums mit kriegerischen Mitteln, also einen gewaltsamen Umsturz der gesellschaftlichen Verhältnisse, lehnte er eindeutig ab, gleichzeitig jedoch befürwortete er die fürstliche Gewaltanwendung, um seine Reformation abzusichern. Er wollte nicht erkennen, dass das Evangelium ihn dazu aufruft, sich an die Seite der unterdrückten Bauern zu stellen und ihren berechtigten Forderungen auf friedlichem Wege, aber mit Nachdruck Geltung zu verschaffen.

Todesstrafe für die Täufer

Mit Thomas Müntzer und dann nach ihm entwickelte sich die sogenannte Täuferbewegung, die die Erwachsenentaufe praktizierte, einen tadellosen und tugendhaften Lebenswandel propagierte und die weltliche Obrigkeit ablehnte. Die Bestrafung der Täufer, die sich vor allem in Oberdeutschland weit verbreitet hatten, wurde zu einem Problem auch für Luther, wie Martin Brecht ausführlich darlegt.[11] Als das Täufertum 1528/29 bei Todesstrafe verboten wurde, lehnte Luther die Todesstrafe noch ab, so wie er bereits 1525 jeglichen Glaubens- und Gewissenszwang abgelehnt hatte. Bestimmte Ausprägungen des christlichen Glaubens mit der Todesstrafe zu belegen, konnte er aus naheliegenden Gründen auf gar keinen Fall gutheißen. Später änderte Luther allerdings seine Auffassung gegenüber den sogenannten Ketzern. So im Fall der sechs rückfälligen Täufer, die 1530 im thüringischen Reinhardsbrunn hingerichtet wurden und sich mit ihrem Martyrium explizit in die Nachfolge Thomas Müntzers stellten. Damit wurden sie in Luthers Augen zu Aufrührern, weshalb er keine Einwände gegen die Ausführung der Todesstrafe vorbrachte.

Das war kein einmaliger Ausrutscher. Im Folgejahr stimmte er – trotz seiner Zweifel an der Richtigkeit – Melanchthons Vorschlag zu, gegen Anführer der Täufer die Todesstrafe zu verhängen. Unter dem Eindruck der Sektengefahr habe sich seine Haltung verengt, meint

Martin Brecht hierzu.[12] Luther selbst äußerte sich dazu in einem Brief: *»Placet mihi Martino Luthero. Wiewohl es grausam anzusehen, dass man sie mit dem Schwert straft, so ist doch noch grausamer, dass sie das Predigtamt damnieren und keine gewisse Lehre treiben und rechte Lehre unterdrücken und dazu die Reiche dieser Welt zerstören wollen.«*[13] Auch hier zeigt sich also: Luther fürchtete die Zerstörung der weltlichen Ordnung und Fürstenmacht, die für ihn allein die Reformation durchsetzen konnte.

Die staatliche Absicherung der Kirche wurde freilich mit dem Preis der Bevormundung durch die Obrigkeit bezahlt und mit obrigkeitlichen Strafen für theologische Irrtümer, für Ketzer wie Täufer und Juden. Von Landgraf Philipp von Hessen um Rat gefragt wegen ein paar Täufern, die heimlich zurückgekehrt und verhaftet worden waren, antworteten die Wittenberger Theologen um Luther 1536 mit dem Gutachten »Dass weltliche Obrigkeit den Wiedertäufern mit leiblicher Strafe zu wehren schuldig sei«. Die täuferische Ablehnung von Obrigkeit, Treueeid, Privateigentum, die Auffassung der Täufer von der Ehe und den von ihnen in Münster propagierten Chiliasmus stuften die Wittenberger Theologen als aufwieglerisch ein. Auch wenn ihr persönlicher Glaube nicht strafbar sei, so doch auf jeden Fall dessen Verbreitung und seine theologischen Prämissen, etwa die Kindstaufe, die Erbsünde und die Christologie betreffend. Diese seien gotteslästerlich, und deshalb habe die Obrigkeit die Pflicht, sie mit aller Schärfe zu bekämpfen.

Die Todesstrafe sei deshalb sowohl bei den politischen als auch bei den schweren geistlichen Delikten zulässig, da kannten sie kein Pardon. Das Gutachten war de facto ein Rückgriff auf das Ketzerrecht und wurde von Luther mitunterzeichnet; nicht von ungefähr schlug er solche Maßnahmen später auch gegen die Juden vor. Beim Täufergutachten fügte er allerdings einschränkend hinzu: *»Dies ist die gemeine Regel, doch mag unser gnädiger Herr alle Zeit Gnade neben der Strafe gehen lassen, nach Gelegenheit der Zufälle.«*[14] Plagte ihn das schlechte Gewissen?

Ein letztes Beispiel: 1539 folterte man drei Täufer so lange, bis sie ihrem Glauben abschwören. Dazu befragt, sahen die Wittenberger Theologen dieses Mal von der Todesstrafe ab, weil diese nur zur Verhärtung der anderen Täufer führen würde. Stattdessen empfahlen sie, die Gefolterten zwei Monate ins Gefängnis zu stecken. Unabhängig davon vertrat Luther aber auch weiterhin die Auffassung, man solle alle aufrührerischen Täufer hinrichten und die friedlichen anderen des Landes verweisen.[15]

Die Gewaltfrage

Nur von dunklen Punkten in der Geschichte Luthers zu reden wäre eine zu harmlose Beschreibung seines politischen Verständnisses vom Verhältnis zur Obrigkeit und seiner Theologie sowie ihrer Auswirkung auf die Menschen der damaligen Zeit, vor allem den niederen Adel, die Ritter, die Bauern, aber auch die Juden. Man kannte damals keine echte Demokratie. Die Obrigkeit stammte von Gott. Das war allgemeine Auffassung, die Fürsten und Könige waren Fürsten und Könige von Gottes Gnaden, nicht von Volkes Gnaden. Ein Aufstand gegen die Obrigkeit war demzufolge gleichbedeutend mit einem Aufstand gegen Gott – so ja auch Paulus in seinem Brief an die Römer (vgl. Röm 13,1). Dieselbe Auffassung vertrat mehr oder weniger differenziert Martin Luther.

Ich fasse zusammen: Luther hatte eine theologische Revolution in Gang gesetzt und den Papst, den Stellvertreter Gottes auf Erden, entthront. Diese Reformation brauchte aber politische Unterstützung. Dafür kamen, wie wir gesehen haben, vier Möglichkeiten in Frage: der Kaiser, der Adel, die Fürsten, das Volk. Zunächst setzte Luther seine Hoffnung in den Kaiser. Darin sah er sich bald getäuscht. Dann erfuhr er erhebliche Unterstützung durch den niederen Adel in der Gestalt der Ritter Franz von Sickingen und Ulrich von Hutten, durch die Fürsten, zumindest eine Reihe von Fürsten, darunter der sächsische Kurfürst Friedrich der Weise, und schließlich das Volk, vor allem die Bauern. Der niedere Adel, die Ritter und die große Mehrheit des Volkes waren Anhänger der Reformation. Aber Teile von ihnen wollten im Zuge der Reformation die Fürstenherrschaft mit Gewalt beseitigen. Ursprünglich strebten die Bauern, wie die 12-Punkte-Erklärung der oberschwäbischen Bauern

von Kempten beweist, eine friedliche Lösung ihres Kon-
fliktes mit dem Adel und mit den Fürsten an. Aber als
klar wurde, dass es dazu nicht kommen würde, schlossen
auch die Bauern die Anwendung von Gewalt nicht mehr
aus. Da Luther aber jede Gewaltanwendung zur Durchsetzung einer neuen Gesellschaftsordnung ablehnte, blieben als Unterstützer nur die Fürsten übrig. Und so ist es
dann auch gelaufen. Die Folge war: Luther stand auf der
Seite der Mächtigen und deren Gewaltanwendung und
nicht auf der Seite der Schwachen und Unterdrückten.
Er sah sich mit einem Grundproblem konfrontiert, das
z. B. auch die katholische Kirche 400 Jahre später mit
der Befreiungstheologie hatte.

Die Befreiungstheologie

In Lateinamerika wurden über die Jahrhunderte hinweg
die Indios ausgebeutet durch Großgrundbesitzer, ausländische Organisationen und von Großgrundbesitzern
abhängige Generäle. Dagegen entwickelte sich überall
Widerstand, und es bildeten sich revolutionäre Gruppen
mit den Vorstellungen einer marxistischen Befreiungs-
ideologie à la Fidel Castro und Che Guevara. In dieser
Situation stellte sich für viele an der Basis operierende
katholische Pfarrer und Patres die Frage, auf welcher
Seite sie sich befänden. Das ausgebeutete Volk hatte
Sympathien für die marxistischen Revolutionäre. Aber
die katholischen Pfarrer waren ebenfalls gegen die Aus-

beutung und für die Beseitigung der Ausbeuter, nur auf friedlichem Weg, unter Ablehnung der Gewalt. Daraus entstand die Theologie der Befreiung: Solidarität mit den Armen, gewaltlose Beseitigung der Machthaber durch Veränderung der Strukturen, freie Wahlen, eine Agrarreform verbunden mit der Bildung von Gewerkschaften und Genossenschaften. Der polnische Papst Johannes Paul II. verbot diese Befreiungstheologie, flankiert von Kardinal Ratzinger, dem damaligen Präfekten der Glaubenskongregation, also der Nachfolgeorganisation der römischen Inquisition. Sie hatten Angst, ins geistige Schlepptau der Marxisten zu geraten. Das ging zu einem großen Teil vor allem auf den polnischen Papst zurück, der in der Bekämpfung des Kommunismus eine der wichtigsten Aufgaben der Welt sah. Durch dieses Verbot der Befreiungstheologie verlor aber die katholische Kirche zusehends die Zustimmung und das Vertrauen der Armen in Lateinamerika. Die Zahl der Katholiken ging allein in Brasilien in dieser Zeit um 30 Prozent zurück. Der Papst und die Glaubenskongregation hatten nicht die geistige Kraft zu einer Konzeption der klaren Ablehnung der Gewalt, aber einer ebenso klaren Bejahung der Notwendigkeit, die diktatorischen Strukturen zu beseitigen, und zwar auf politischem Weg mit Hilfe demokratischer Parteien und Gewerkschaften.

Der Erzbischof von San Salvador, Óscar Romero, gehörte zu den Bischöfen, die eine Kirchenpolitik gemäß der Theologie der Befreiung betrieben. Er wurde 1980 in San Salvador beim Lesen der Messe in einer Krankenhauskapelle von einer Todesschwadron der damaligen von den Großgrundbesitzern gestützten Militärjunta erschossen. Noch 1989 wurden sechs Jesuiten sowie eine Hausangestellte und deren Tochter auf dem Gelände der Jesuitenuniversität in San Salvador von Angehörigen einer militärischen Sondereinheit ermordet.

Im September 2015 wird Óscar Romero dank des Papstes Franziskus endlich seliggesprochen werden. Damals jedoch war die Kurie genauso unfähig wie Luther, Gewalt zu verurteilen, aber geistig und sozial an der Seite der Armen zu bleiben; wo Luther seinerzeit Partei ergriff für Fürsten, Erzbischöfe und Land- und Markgrafen, sympathisierte die Kurie mit den Hazienderos, den Generälen und der übermächtigen United Fruit Company. Der Riss ging quer durch die katholische Kirche. Die meisten Pfarrer und Bischöfe waren an der Seite der Armen, die Kardinäle jedoch teilweise an der Seite der Machthaber.

Kardinal Kasper hat mir in einem Brief geschrieben, dass Johannes Paul II. auf einer Sommerakademie in Castel Gandolfo mit der Faust auf den Tisch geschlagen und gesagt habe, »wir brauchen eine Theologie der Befreiung, aber keinen Marxismus«, und anlässlich einer Gedächtnisfeier für die Märtyrer des 20. Jahrhunderts gegen starke Widerstände durchsetzen konnte, dass auch der Name Óscar Romero genannt wurde. Aber er hat den geistigen Spagat nicht geschafft. Ein beschämendes Beispiel war die Begegnung von Papst Johannes Paul II. mit dem katholischen Priester und bedeutenden Schriftsteller und Dichter Ernesto Cardenal, der auf der Seite der Sandinisten zusammen mit den Brüdern Ortega in Nicaragua gegen den damaligen Diktator Somoza kämpfte, übrigens in Übereinstimmung mit dem dortigen Erzbischof von Managua. Papst Wojtyla konnte sich nicht beherrschen und machte Ernesto Cardenal vor laufenden Kameras und der ganzen Welt regelrecht zur Sau. Diese Demütigung eines katholischen Priesters und nationalen Dichters wegen seiner politischen Einstellung hat auf die ganze Welt sicher einen tollen Eindruck gemacht. Wojtyla war in seinem ganzen Pontifikat offenbar von der Überzeugung gesteuert: Nur wer sich selbst imponiert, imponiert auch anderen.

Die Kurie in Rom gab auch an Erzbischof Romero die Empfehlung, sich mit der Junta zu arrangieren. Das alles wurde von den meisten Gläubigen, aber auch von den führenden Theologen in Europa und Amerika als Verrat der Glaubenskongregation und des Papstes an Jesus verstanden, der auch keine Gewalt predigte, aber an der Seite der Armen gegen die herrschende Klasse der Pharisäer und Sadduzäer kämpfte.

Luther hatte nicht die geistige und moralische Kraft, das Problem anders zu lösen als Wojtyla und Ratzinger 450 Jahre später. Vielmehr tat er genau dasselbe, ließ die Ritter und die Bauern allein und stellte sich an die Seite der Fürsten, allerdings verbunden mit einer lendenlahmen Kritik an der wirtschaftlichen Unterdrückung der Bauern. Luther übertraf aber die Kurie, indem er die Machthaber aufforderte, die Ritter und Bauern zu töten.

Der realistische Pazifismus des Evangeliums

Gibt es eine christliche Haltung zu Gewalt und Krieg? Der Afghanistan-Krieg war völkerrechtlich begründet. Die NATO handelte dort im Auftrag der UN. George W. Bush dagegen hat im Irak einen Krieg angefangen, der nach internationalem Völkerrecht und nach moralischen Grundsätzen nicht gerechtfertigt war und verheerende Folgen für den Nahen und Mittleren Osten hatte. Die westliche Welt hat dadurch ihre Glaubwürdigkeit verloren. Jede Sitzung des Sicherheitsrates der amerikanischen Regierung unter George W. Bush begann mit einer Lesung aus der Bibel, meist aus dem Alten Testament in der Fassung der texanischen Baptisten, welches das geeignete biblische Fundament für die Aktivitäten der Bush-Administration war. Das Neue Testament, vor allem die Evangelien, sind für so etwas unbrauchbar.

Und wie verhalten sich die führenden Christen in dieser ganzen Auseinandersetzung? Evangelische Christen wie Ernst Albrecht, Richard von Weizsäcker, Wolfgang Schäuble, Ursula von der Leyen, Johannes Rau und die Pfarrerstochter Angela Merkel bemühten bzw. bemühen sich erfolgreich um das Wohlergehen in unserem Land, aber sie waren nicht in der Lage, das globale Elend aufzuhalten. Woran orientieren sich unsere Parlamente, unsere politischen Parteien? Papst Johannes Paul II. hat mit starken Worten den Irak-Krieg verurteilt. Als in der Bundestagsfraktion der CDU/CSU darüber abgestimmt wurde, ob wir die USA zumindest logistisch unterstützen sollten, stimmte die überwiegende Mehrheit der Christlichen Demokraten dafür. Einer stimmte dagegen, der sonst immer wieder ins schiefe Licht gerät, nämlich Peter Gauweiler, und zwar mit der Begründung, er wisse nicht, warum er mehr auf den amerikanischen Präsidenten als auf den katholischen Papst hören solle.

Wir sind dem Problem des gerechten Krieges moralisch nicht hilflos ausgeliefert. Wie ich schon an früherer Stelle gesagt habe, finden evangelische und katholische Christen, aber auch jeder, der einen anderen Glauben hat oder gar keinen, in den Evangelien und in der theologischen und philosophischen Tradition der letzten 2000 Jahre klare Maßstäbe für dieses Thema: Ich nenne sie den realistischen Pazifismus des Evangeliums.

Die Nächstenliebe bedeutet die Pflicht zum Helfen, und zwar jedem gegenüber, der in Not ist. Das Gebot des Helfens ist nicht mehr in der Zugehörigkeit zum eigenen Volk oder zur eigenen Religion begründet, sondern in der Not des anderen, der auch der Feind sein kann. Wäre der Samariter eine halbe Stunde früher an den Ort des Überfalls gekommen, hätte er dem Überfallenen beistehen müssen, im Zweifel auch mit einem Prügel in der Hand, um den Räuber zu vertreiben. Notwehr und Nothilfe stehen nicht im Widerspruch zum Evangelium, im Gegenteil: Nothilfe ist eine Pflicht der Nächstenliebe.

Was soll dann aber Feindesliebe heißen? Das Evangelium gibt Antworten, die aus der modernen Friedens- und Aggressionsforschung stammen könnten. Hebraisten weisen darauf hin, dass im Alten Testament der Satz »Liebe deinen Nächsten« (Lev 19,18) hebräisch nicht im Akkusativ, sondern im Dativ steht, dem sogenannten Dativus ethicus, den es im Deutschen, Lateinischen und Griechischen nicht gibt; man kann ihn nicht übersetzen, sondern nur umschreiben: Tue dem Nächsten Liebe an, erweise ihm etwas Liebes – also tue etwas für ihn. Jesus verlangt keine Gefühlsduselei, sondern eine praktizierende Liebe – in der Endzeitrede nennt er die Beispiele: Hungernden Essen und Dürstenden Wasser geben, Kranke pflegen, Verbrecher im Gefängnis besuchen, Fremde aufnehmen. Die Liebe ist immer konkret – und wer über andere schlecht redet, so Jesus, ist so schlimm wie ein Mörder. Es liegt auf der Hand, dass auch die Steigerung des Liebesgebotes »Liebet eure Feinde« hebräisch im Dativus ethicus geschrieben war: Tut euren Feinden etwas Gutes, seid vernünftig im Umgang mit dem Gegner.

Plötzlich bekommt die zunächst unverständliche Forderung einen Sinn. Jesus selber macht klar, was er meint: »Wenn dich einer zwingt, eine Meile mit ihm zu gehen, dann gehe zwei Meilen mit ihm.« (Mt 5,41) Die Römer als Besatzer hatten das Recht, einen Juden zu zwingen, ihnen eine Meile das Gepäck zu tragen. Jesus sagt nun dem Juden, er solle freiwillig eine zweite Meile mitgehen – in der richtigen Erwartung, dass das Verhältnis zwischen den beiden am Ende der zweiten Meile ein anderes ist als nach der ersten Meile. Der Römer fasst sich an die Stirn, aber er wird vermutlich mit dem Juden ein Gespräch beginnen, und vielleicht trinken die beiden am Ende der zweiten Meile zusammen ein Glas Wein.

Die wechselseitige Eskalation von Hass und Gegenhass, Terror und Gegenterror, Gewalt und Gegengewalt wird gesprengt. In eine solche Entspannungsstrategie passt auch der berühmte Satz hinein: »Wer dich auf die rechte Backe schlägt, dem halte auch die andere hin« (Mt 5,38). Wer will, kann mit einer solchen Geste an die Menschlichkeit des anderen appellieren. Für einen radikalen Pazifismus gibt er aber nichts her: Ich kann immer nur meine Backe hinhalten, nicht die Backe meines Nachbarn oder Mitarbeiters. Nächstenliebe und Feindesliebe verlangen ein Tun, ein Handeln, nicht ein passives Dulden.

Als Folge der Bergpredigt haben sich in den letzten 2000 Jahren die Philosophen immer wieder mit der Frage beschäftigt, wann die Gewaltanwendung zwischen den Staaten gerechtfertigt sei. Die Jesuiten Luis de Molina und Francisco Suárez hatten im 16. Jahrhundert die gefährliche und heikle Sondersituation des Tyrannenmords moralisch untersucht – wozu heute die Frage gehört: Durften die USA Krieg führen gegen Nazi-Deutschland? Durfte Claus Schenk Graf von Stauffenberg eine Bombe unter den Kartentisch des sogenannten Führers legen? Wir kommen zu dem Schluss: Es gibt dazu nicht nur das Recht, sondern sogar eine ethische Pflicht. Radikaler Pazifismus ist mit dem Evangelium nicht vereinbar und hätte natürlich auch nicht in Luthers Gedankenwelt gepasst. Es müssen jedoch für einen Krieg bestimmte Voraussetzungen erfüllt sein:

Die »iusta causa«, das heißt, es muss ein wichtiger, gerechter Grund vorliegen, also z. B. eine Aggression von außen oder schwere Menschenrechtsverletzungen des anderen Staates oder des Tyrannen.

Die »ultima ratio«, das heißt der Krieg oder das Attentat müssen die letzten aller Mittel sein. Sie sind erst dann erlaubt, wenn alle anderen Möglichkeiten diplomatischer und wirtschaftlicher Art ausgeschöpft sind.

Die »recta intentio«, also die richtige Absicht – heute würden wir sagen: Es muss eine politische Lösung vorhanden sein. Die alten Jesuiten sagten es einfacher: Nach dem Tod des Tyrannen müssen die Lebensbedingungen für die Menschen wenigstens besser sein als vorher.

Das »ius in bello«: Während der kriegerischen Handlungen müssen bestimmte Rechtsgrundsätze eingehalten werden, wozu auch das Verbot der Diskriminierung gefangener Soldaten gehört. Die Behandlung der Gefangenen in Guantanamo ist ein Skandal und eine Schande für die Vormacht der rechtsstaatlichen Demokratie.

Der gerechte Grund für den Irak-Krieg war vorhanden: die Unterdrückung durch die Diktatur Saddam Husseins. Massenvernichtungswaffen wurden nicht gefunden. Fraglich ist, ob dieser Krieg die Ultima Ratio war, um Massenvernichtungswaffen finden und das Regime stürzen zu können. Die Drohkulisse, die die Amerikaner aufgebaut hatten, kann man als den potentiellen Prügel des Samariters im Wadi el Kelt betrachten. Aber die zweite Meile sind die Amerikaner nicht gegangen; sie sind in der Mitte stehen geblieben. Die UNO-Inspektoren waren auf einem guten Weg, und man hätte sie nicht aufhalten dürfen.

Ich glaube, der Papst hatte recht, als er den Irak-Krieg verurteilte, auch wenn sich der amerikanische Präsident George W. Bush für seinen Krieg auf Gott berufen hat. Es ist nicht der erste Missbrauch des Namens Gottes in der Geschichte der Menschheit gewesen. Völlig offen war nämlich die »recta intentio«, also die politische Lösung. Aus allen diplomatischen Informationen, offiziellen und inoffiziellen Berichten ist klar zu erkennen, dass weder die Amerikaner noch die Briten eine einigermaßen begründete politische Lösung für den Irak vorbereitet hatten. Im Gegenteil: Ein Diktator wurde gestürzt, jetzt gibt es mindestens drei Diktatoren – im Irak, in Syrien und im IS – und einen entsetzlichen Bürgerkrieg.

Kapitel VIII

Luther, Papst und Juden

Enttäuschte Liebe – Luther und die Juden –
Der Macht- und Autoritätsanspruch der Kirche –
Widerstand gegen das Finanzgebaren der Kurie –
Kein Konsens – Papst oder Evangelium

Enttäuschte Liebe

Erst der unversöhnliche Gang der Ereignisse hat Luther zu der radikalen Ablehnung des Papstes bewogen. Anfangs war dies nicht seine Absicht, vielmehr hoffte er, im Papst, vor allem in Leo X., einen Verbündeten zu finden. Bei seinem Rombesuch 1511 sah er über die damaligen erkennbaren Missstände in der päpstlichen Stadt aus lauter Anhänglichkeit gegenüber dem Papst glatt hinweg.

Zu seiner Papstkritik kam Luther nicht zuletzt durch sein Studium der Heiligen Schrift. In seinem Konflikt mit der höchsten kirchlichen Autorität – dem Papst – berief er sich auf eine noch höhere Autorität: die Bibel. Nur aus ihr heraus sei seine Theologie zu widerlegen. Und in ihr fand er kein Wort von Papst und Heiligenverehrung, Zölibat oder einer besonderen Stellung des Klerus. Diese Erkenntnis tat er unüberhörbar laut und deutlich kund.

Bei der Diskussion mit Kardinal Thomas Cajetan 1518 in Augsburg über seine Ablassthesen suchte er nach einem Kompromiss. Noch 1519, bei der Disputation mit Johannes Eck, fühlte er sich als treuer Sohn der Kirche, als Mönch und als katholischer Priester. Seine Schrift »Von der Freiheit eines Christenmenschen« von 1520 ist Papst Leo X. gewidmet, obwohl dieser zuvor schon die Bannbulle gegen ihn unterzeichnet hatte.

Die in seiner Schrift »An den christlichen Adel deutscher Nation« noch im gleichen Jahr vollzogene radikale Kehrtwende weg vom Papst verstehe ich, so könnte man heute vielleicht psychologisch die Sache erklären, als Ergebnis einer enttäuschten großen Liebe, die ja bekanntlich in blanken Hass umschlagen kann. Vieles Unbegreifliche in seinem Leben, sein Verrat an Ulrich von Hutten, Franz von Sickingen und der rebellierenden Ritterschaft oder das brutal vernichtende Urteil über Thomas Müntzer und die Bauern, ist nur erklärbar durch seine Angst um das Schicksal seiner Theologie. Es lief nicht ganz so gut, wie es zunächst den Anschein hatte. Aber auch seine nicht akzeptablen Verurteilungen der Juden werden zumindest teilweise verständlich, wenn man weiß, dass er in Christus seine große Liebe gefunden hatte, die er nicht von den Juden beleidigen lassen wollte. Es gibt ein Schlüsselwort von ihm nach der Niederschlagung des Bauernaufstandes und der von ihm gebilligten brutalen Folterung und Hinrichtung des Thomas Müntzer, in dem er folgert: *»Also habe ich Müntzer getötet, der Tod liegt auf meinem Hals. Ich habe es aber deswegen getan, weil er* meinen *Christum töten wollte.«*[1] Luther war ja ein durch und durch emotionaler Mensch und fähig, positive Emotionen zu pflegen und auch überzeugend zu äußern: seiner Frau Käthe gegenüber, den Kindern, Philipp Melanchthon. Er hoffte auf eine einige, einheitliche christliche Kirche mit der neuen Theologie. Dafür wollte er auch die Juden gewinnen.

Luther und die Juden

Über das Verhältnis Martin Luthers zu den Bauern, aber vor allem zu den Juden, ist unendlich viel geschrieben und noch mehr gerätselt worden. Die Brutalität, mit der Luther sich über diese Menschen äußerte, die sich zudem in einer sozialen Notlage befanden, ist beachtlich und sollte nicht beschönigt werden.

Erstens: Was zunächst auffällt, ist seine rücksichtslose Sprache. Deren aggressive Kunst bekamen allerdings nicht nur die Juden und Bauern zu spüren. Seine beleidigenden Attacken auf den Papst, aber auch auf Andersdenkende überhaupt, einschließlich seiner benachbarten Reformatoren Zwingli, Bucer und Calvin, können wir heute nicht mehr nachvollziehen. Aber es war der Stil der religiösen Auseinandersetzungen seiner Zeit. Je religiöser und kirchlicher der Gegenstand des Streits war, umso unversöhnlicher und verletzender die Sprache. Dies gilt in Form und Inhalt der Sprache nicht für alle Religionen. Der große Religionswissenschaftler und Indologe Helmuth von Glasenapp, den ich noch als Student in Tübingen erlebt habe, stellte in seinem Standardwerk über die fünf Weltreligionen fest, dass die Anhänger der geschichtlichen Gottesoffenbarung intoleranter sind als die des ewigen Weltgesetzes, also die Konfuzianer, Taoisten, Buddhisten und Hindus, und das ist nicht zufällig so: »Denn wenn jemand annimmt, dass dieses einmalige irdische Dasein für das ewige Schicksal des Menschen entscheidend sei, und dass in absehbarer Zeit das Weltgericht hereinbrechen werde, dann wird er eifriger darum bemüht sein, das, was er für richtig und heilbringend hält, zu verbreiten, als wenn er an seine stufenweise Läuterung innerhalb des ewigen Weltprozesses glaubt, während dessen die Unbekehrten sich noch bekehren können.«[2] Nun hat Luther keine Juden oder Bauern persönlich umgebracht. Er war kein Gewalttäter, er war ein klassischer Schreibtischtäter. Das Urteil von Jesus über solche Leute ist ebenfalls eindeutig. Er sagte zu den Juden: »Ihr habt gehört, dass zu den Alten gesagt worden ist: Du sollst nicht töten; wer aber jemand tötet, soll dem Gericht verfallen sein. Ich aber sage euch: Jeder, der seinem Bruder auch nur zürnt, soll dem Gericht verfallen; und wer zu seinem Bruder sagt: Du Dummkopf!, soll dem Spruch des Hohen Rates verfallen sein; wer aber zu ihm sagt: Du (gottloser) Narr!, soll dem Feuer der Hölle verfallen sein.« (Mt 5,21 f.) Man wird auch nicht sagen können, die verbalen Ausfälle Luthers gehörten zum Streitarsenal plebejischer Universitätstheologen und Pfarrer. Diese Form der Auseinandersetzung wurde in höchsten Kreisen kirchlicher und weltlicher Autoritäten gepflegt. Die konnten das allerdings nicht so gut wie Luther.

Zweitens: Die wüste Form der sprachlichen Dialektik entsprach dem wüsten Umgang der Menschen untereinander, vor allem von oben nach unten. Der einzelne Mensch war – wie heute im Kapitalismus – nicht viel wert und konnte sich – im Gegensatz zu heute – nicht gegen verbale Herabsetzung wehren. Begriffe wie Menschenwürde und Menschenrechte waren unbekannt, kamen ja erst mit dem Humanismus eines Erasmus von Rotterdam auf, der allerdings auch Vorbehalte gegen die Juden hatte. Aber die Humanisten hatten noch nicht viel zu sagen und wurden kontroverstheologisch niedergemacht. Luther glaubte oder hoffte, alle Christen in einer Christenheit seiner Theologie, die über jeden Verdacht erhaben war, unter ein Dach bringen zu können. Zu dieser Christenheit gehörten natürlich vor allen anderen potentiell die Juden. Denn Jesus ist nicht als Christ, sondern als Jude am Kreuz gestorben. Die Juden bekehrten sich nach Ansicht Luthers aber viel zu langsam. 1523 hatte er noch das Gegenteil gehofft und deswegen in seiner ersten Schrift »Dass Jesus Christus ein geborener Jude sei« freundlich über sie geschrieben. 20 Jahre später war sein Zorn groß, denn sie wollten Jesus partout nicht als Messias anerkennen.

Drittens: Luther hat sich über Thomas Müntzer ähnlich geäußert. Auch gesellschaftlich spielten Respekt und Toleranz keine große Rolle. Im Gegenteil: Die Sprache – ich wiederhole dies – spiegelte den Umgang untereinander. Eine Gesellschaft, die – oberhirtlich sanktioniert – die Folter gegen Andersdenkende einführt und selbst, wie wir gesehen haben, die ausgesuchtesten Quälereien akzeptiert und sie auch noch universitätsmäßig gelehrt begründet, ist eine verrohte Gesellschaft,

unempfindlich für die Situation des Einzelnen. Als die
IS-Terroristen anfingen, Jesiden, Engländer und syrische
Christen zu enthaupten, und den jordanischen Piloten
Muaz al-Kasaesbeh in einem eisernen Käfig lebendig
verbrannten, war das Entsetzen der zivilisierten Welt
grenzenlos. Dass Zehntausende Frauen, Katharer, Hus-
siten usw. auch lebendigen Leibes an Pfählen gefesselt
und auf einem Scheiterhaufen verbrannt wurden, hielten Luther, Bucer, Zwingli, Calvin und Melanchthon
für normal und ihren geistlichen Straftaten angemessen.
Der Unterschied zum IS besteht wahrscheinlich darin,
dass zu Luthers Zeiten die Delinquenten vorher noch
ausführlich gefoltert wurden und ihre so erzielten Geständnisse entgegen den Zusagen der Folterer sie aber
nicht vor dem Feuertod bewahrten. Die vom feinsinnigen Karl V. erlassene »Peinliche Halsgerichtsordnung«
sah für die Flucht aus dem Kloster, wie bereits erwähnt,
nicht eine einfache Hinrichtung vor, sondern das Vier-
teilen und Pfählen der Delinquentin.

1527 hielt Luther seine Vorlesungen über den Propheten
Sacharja und setzte sich mit Erasmus über den »freien
Willen« auseinander. In demselben Jahr verwüsteten
deutsche Landsknechte des frommen Kaisers Karl V.
Rom, hängten Römer der Reihe nach an den Genitalien
auf und ließen sie krepieren. Von einem Protest aus Wit-
tenberg ist nichts bekannt. In seiner Schrift »Von den
Juden und ihren Lügen« rief Luther 1543 dazu auf, den
Juden ihre religiösen Schriften wegzunehmen, ihre Syna-

gogen zu verbrennen, den Rabbinern das Predigen ebenso zu verbieten wie die Ausübung ihrer traditionellen Berufe als Händler und Geldverleiher; außerdem sollten sie enteignet und zur Zwangsarbeit eingesetzt werden. Dass diese Punkte dem Anfangsprogramm der Nazis gegen die Juden entsprachen, ist ein Verhängnis. Anrechnen muss man Luther seine soziale Gefühllosigkeit Mitmenschen gegenüber, denen Landwirtschaft, Handwerk und Eigentum an Boden schon vorher verboten waren. Anzurechnen ist ihm auch, dass er dem jüdischen Volk, welches offenbar alttestamentarisch kundig im Chor dem römischen Statthalter Pilatus zugerufen hatte: »Sein Blut komme über uns und unsere Kinder« (Jer. 26,7), die Schuld am Tode Jesu gab. Er hätte als Professor der Bibelwissenschaften auch ohne Kenntnis der modernen Bibelforschung allein aus dem Text heraus merken müssen, dass da etwas nicht stimmt.[3] Der Prozess vor dem jüdischen Hohen Rat kann gar nicht stattgefunden haben; er wird auch weder bei Johannes, Paulus noch in der Apostelgeschichte mit nur einem Wort erwähnt. Die Evangelisten, die man ebenso gut Schlussredakteure der vorhandenen schriftlichen und mündlichen Berichte nennen könnte, hatten 70 Jahre nach der Kreuzigung wegen der prekären Situation der jungen christlichen Gemeinden, vor allem in Rom, die Schuld den Juden in die Schuhe geschoben, weil es für die damaligen Christen nicht gerade attraktiv war, von einem standrechtlich gekreuzigten Aufrührer gegründet worden zu sein. Jesus wurde zwar von den Sadduzäern als Umstürzler bei der römischen Besatzungsmacht angezeigt, aber vom römischen Statthalter verurteilt und von römischen Soldaten ans Kreuz geschlagen – eine dem jüdischen Recht völlig unbekannte Hinrichtungsart. Jesus, den Luther so liebte, war selber ein Jude, was Luther ja auch sagt.[4] Der Antisemitismus, eine offenbar über zwei Jahrtausende vererbte Geisteskrankheit, ist durch eine tödliche Geschichtsklitterung in Gang gesetzt worden. »Das Christentum ist die einzige Weltreligion«, sagt der jüdische Gelehrte und Schriftsteller Pinchas Lapide, »deren Stiftergestalt zeitlebens einer anderen Religion angehört hat.« Inzwischen, fügt Pinchas Lapide hinzu, schrieben wieder viele jüdische Schriftsteller und Literaten über Jesus. Sie wollen Jesus heimholen – »aber er war nie fortgegangen«.[5]

Die letzte Judenschrift ist ein trauriges Kapitel im Leben Luthers, und man wünschte sich, er wäre ein paar Jahre früher gestorben.

Der Macht- und Autoritätsanspruch der Kirche

Luther versuchte am Anfang der Reformation, seine Gegner zu überzeugen. Er hoffte wie gesagt auf den Papst und auch auf den Kaiser. Aber er fühlte sich zurückgestoßen, spürte nur Ablehnung, auch von den Gesandten des Papstes, so von Tetzel, der sicherlich im

Auftrag des Papstes redete, von Eck, von dem Kardinalgesandten Cajetan. Er war tief verletzt, weil die Kurie, die Gegenseite, keine Argumente gelten ließ, sondern nur Unterwerfung forderte.

In der Literatur wird vom »stählernen Antipapalismus«[6] gesprochen. Man kann zusammenfassend sagen: Die Kirchen der Reformation spalteten sich wegen ihrer radikalen Ablehnung des Papstes von der päpstlichen Kirche ab. Diese wiederum konnte ihre universale Vormachtstellung nicht halten, gerade weil sie versuchte, sie im Konflikt mit Luther weiterhin ohne Einschränkungen zu behaupten. Dadurch war ab diesem Zeitpunkt im Abendland eine Kirche ohne Papst nicht nur vorstellbar, sondern Wirklichkeit geworden.

Schon bei der Leipziger Disputation mit Johannes Eck versuchte Luther, mit Eck einen Austausch der Argumente hinzukriegen für und wider das Verhältnis von guten Werken, Glaube und Gnade, also über die theologische Frage der Rechtfertigung. Darauf ließ sich Eck aber überhaupt nicht ein, sondern konfrontierte ihn bei jeder dieser inhaltlichen Fragen mit dem päpstlichen Anspruch, dass der Papst über dem Konzil und über der Schrift stehe. Luther war damals in Leipzig, so kann man sagen, innerlich ein treuer Sohn der Kirche und hatte nicht die Absicht, einen Teil von ihr abzuspalten. Und aus dieser Grundposition heraus hatte er wegen des Papstargumentes von Eck schlechtere Karten.

Aus diesen Gründen ist auch auf dem Reichstag in Worms eine Verständigung nicht möglich gewesen, weil der Reichstag und der Kaiser nichts anderes von Luther verlangten, als den sofortigen Widerruf an erster Stelle, und überhaupt kein Interesse daran hatten, seine Thesen inhaltlich zu diskutieren.

Luther begegnete damals dem Autoritätsverständnis der katholischen Kirche, das sich bis auf den heutigen Tag gehalten hat, nämlich dem absolutistischen Anspruch, die Wahrheit gepachtet zu haben und diese durch Macht, notfalls sogar mit Gewalt, durchzusetzen, anstatt die Gläubigen durch Kompetenz und natürliche Autorität zu überzeugen.

Im Verständnis der katholischen Kirche sind insbesondere die administrative und theologische Obergewalt des Papstes und seine Unfehlbarkeit in Glaubens- und Sittenfragen eine unabdingbare Wahrheit. In der dogmatischen Konstitution »Pastor Aeternus« des I. Vatikanischen Konzils, die inhaltlich schon zu Luthers Zeiten galt, heißt es: »Wir lehren demnach und erklären, dass auf Anordnung des Herrn die Römische Kirche über alle anderen Kirchen den Vorrang der ordentlichen Gewalt besitzt und dass diese wahrhaft bischöfliche Regierungsgewalt des römischen Papstes alle unmittelbar erfasst. Ihr gegenüber sind daher die Gläubigen und die Hirten jeglichen Ritus und Ranges, und zwar sowohl einzeln wie in ihrer Gesamtheit, zu hierarchischer Unterordnung und zu wahrem Gehorsam verpflichtet. Und das nicht nur in Fragen des Glaubens und des sittlichen Lebens, sondern auch in allem, was zur Disziplin und zur Regierung der Kirche auf dem ganzen Erdenrund gehört.«[7] Das klingt schon für einen konservativen gläubigen Katholiken ziemlich anmaßend. Luther hat sich diesem Anspruch zu Recht nie unterworfen.

Durch seine Erfahrungen geriet Luther immer weiter in eine auch verbale Konfrontation, in deren Verlauf der Papst für ihn zur leibhaftigen Verkörperung des Antichrists wurde.

Widerstand gegen das Finanzgebaren der Kurie

Die sich steigernde Ablehnung des Papsttums diente allerdings auch der politischen Absicherung seiner Theologie. In seiner Streitschrift »An den christlichen Adel deutscher Nation von des christlichen Standes Besserung« benutzte er die massiven Fehler der Kurie in Deutschland, vor allem was die Geldbeschaffung anbelangte, um die Adressaten auch theologisch auf seine Seite zu ziehen. Diese enttäuschte Liebe ist zunächst irrational, wird dann aber sehr bewusst und rational in das Gegenteil, nämlich den Hass und die Verteufelung des Papsttums zur Absicherung seiner Theologie, umgewandelt. Seine Ablehnung gründete auch in einer zweiten Erkenntnis, dass Papst und Kurie vor allem seit dem letzten Konzil in Ferrera-Florenz-Rom 1438–1445 die Überordnung des Papstes über das Konzil durchgesetzt hatten – im Gegensatz zum Konstanzer Konzil, das drei Päpste abgesetzt hatte. Und Luther konnte den daraus resultierenden römisch-katholischen Absolutismus auch intellektuell nicht akzeptieren. Er sollte sich ja Behauptungen unterwerfen, die auch aus heutiger Sicht völlig indiskutabel sind, dass z. B. der Ablass wichtiger sei als die Nächstenliebe. Die Bekämpfung des Ablasses hatte für ihn dieselbe Bedeutung wie die Tempelreinigung in Jerusalem vor 1500 Jahren.

Kein Konsens

Luther war offensichtlich vom Zorn über die Geldgeschäfte der Kurie so wie Jesus damals über die Geldgeschäfte der Sadduzäer überwältigt. Aber er stieß auf erbitterten Widerstand, weil er mit diesem Teil der Reformation, wie wir gesehen haben (siehe Kapitel V), die Finanzgrundlage des Papsttums in Frage stellte: Trotz mehrfacher Bemühungen auf beiden Seiten – Melanchthon auf der Seite der Reformatoren, Karl V. und andere auf der Seite des Papstes – war der Riss nicht mehr zu kitten. Man darf auch nicht vergessen, dass der Papst über Luther, ohne ihm die Gelegenheit zu geben, sich auf der Basis der Heiligen Schrift theologisch mit ihm auseinanderzusetzen, den Bannspruch ausgesprochen und ihn dadurch exkommuniziert hatte. Dies hatte zur Folge, dass der Wormser Reichstag die Reichsacht über Luther verhängte und er im ganzen Heiligen Römischen Reich vogelfrei war, was gewiss zu seinem Tode geführt hätte, wenn er nicht von dem sächsischen Kurfürsten und dann von Philipp von Hessen geschützt worden wäre. Da kann man schon verstehen, dass er die Leute hasste, die ihn umbringen wollten.

Nach Luther ist das Haupt der Christen allein Christus, der ja keinen irdischen Stellvertreter hat. Damit stellte er das päpstliche Selbstverständnis, das sich in den drei Jahrhunderten seit Gregor VII. entwickelt hatte, fundamental in Frage. Über Jahrhunderte hinweg war der römische Bischof nichts anderes als ein Primus inter Pares, der Erste unter Gleichberechtigten. Dann nannten sich die Päpste Stellvertreter Petri, dann Stellvertreter Christi und wurden schließlich von Gregor zum Stellvertreter Gottes erklärt. Diese Anmaßung war inakzeptabel. Aber in Luthers Stellungnahmen gegen den Papst gibt es immer wieder Äußerungen, die darauf hinweisen, dass er bereit ist, den Papst als menschliche Obrigkeit zu dulden, solange dieser alles, was er sagt und tut, der höchsten Autorität der Christenheit unterwirft, nämlich der Heiligen Schrift.[8] *»Der Papst soll mehr unter Christo bleiben und sich lassen richten durch die Heilige Schrift.«*[9]

Nachdem der Papst die Bannbulle nicht zurücknahm, kehrte Luther in Wittenberg Anfang November 1520

den Spieß um, sprach in »Wider die Bulle des End-
christs« feierlich eine Verurteilung des Papsttums als
Sitz des Antichrists aus und kündigte Leo X. die Gefolgschaft auf. Dabei wendete er die Verfluchungsform der
päpstlichen großen Exkommunikation gegen den Papst
selbst an:

*Soviel der Geist Christi und die Kraft unseres Glaubens ver-
mag, verdammen wir, wo ihr in eurem Wüten beharret,
euch hiermit durch diese Schrift und übergeben euch samt
jener Bulle und samt allen Dekretalen dem Verderben des
Fleisches, damit euer Geist am Tage des Herrn mit uns be-
freiet werde, im Namen des Herrn Jesu Christi, welchen ihr
verfolget. Amen.*[10]

Papst oder Evangelium

Dieser Kampf gegen den Papst steigerte sich bis zu Luthers Tod, die Auseinandersetzung gewann dabei zuneh-
mend an Schärfe. Papst oder Evangelium, das waren die
beiden Möglichkeiten, dazwischen verlief die Grenze,
die Demarkationslinie aller christlichen Existenz.[11] Der
Papst wird dargestellt als der Gewalt ausübende und
Macht und Pomp zelebrierende Pontifex, der sich gegen
Christus wendet. Luther entwickelte eine eigene evangelische Ekklesiologie ohne und gegen den Papst.[12] Kurz
vor seinem Tode, auf jeden Fall im letzten Lebensjahr,
schrieb er noch einmal einen zusammenfassenden Verriss

des Papsttums in der Broschüre »Wider das Papsttum zu Rom vom Teufel gestiftet«. Ein polemisches Buch »von einer hanebüchenen Grobheit«, wie der evangelische Theologe Ernst Bizer konstatierte.[13] Man kann darin z. B. folgendes Zitat lesen: *»Wer Gott will hören reden, der lese die Heilige Schrift. Wer den Teufel will reden hören, der lese des Bapst Dreckes (Dekrete) und Bullen.«*[14]

Luther dürfte ökumenisch gesehen den Verbalradikalismus gegen den Papst heute nicht wiederholen, aber er müsste der katholischen Kirche klar sagen – unterstützt von den meisten katholischen Theologen und der überwiegenden Mehrheit des katholischen Kirchenvolkes –, dass dieser Absolutheitsanspruch keine biblische Grundlage hat und revidiert werden muss. Damit ist allerdings die Frage nach einer konsensualen Führung und Repräsentanz noch nicht beantwortet (siehe nächstes Kapitel).

Kapitel IX

2017: Einheit nach 500 Jahren?

Die Folgen der Reformation – Wie soll 2017
an die Reformation erinnert werden? –
Anathema, anathema! – Bedenken aus
der Provinz – Ein Glaubensbekenntnis –
Luthers Abgrenzungskriterien sind heute
obsolet – Offene Fragen – Diskussion statt
Dogma – Ökonomisierung der Kirchen –
Organisationsform einer gemeinsamen Kirche –
Führungsgestalt – Was kann sofort verändert
werden? – Zusammenlegung von Caritas und
Diakonie – Absetzbewegungen – Ökumenische
Gottesdienste – Anerkennung der Taufe –
Abendmahlsgemeinschaft – Absurde Ereignisse –
Laien- contra Priesterkirche – Liebe und
Barmherzigkeit

Die Folgen der Reformation

Luthers Rechtfertigungslehre war auch eine radikale Emanzipation von der Kirche als Gnadenvermittlerin, eine Emanzipation von den Glaubenshütern und Vermittlern, von Priestern, Bischöfen und Päpsten. Sie war eine Unabhängigkeitserklärung von Rom, der Kurie und der Glaubenskongregation und auch von der theologischen Dogmenhuberei. Aber was war zunächst das historische Ergebnis? Statt eines Papstes kamen dann viele Päpste: die Landeskirchenfürsten, die Notbischöfe, die englische Königin in der anglikanischen Kirche, der wilhelminische Kaiser in der evangelischen Kirche als Quasi-Oberhäupter ihrer Kirchen. Die neuen Päpste und Kardinäle waren Zwingli, Bucer, Calvin, Melanchthon, ja Luther selber wurde zum neuen Papst, der Andersdenkende zu Ketzern erklärte, wie z. B. die Täufer von Münster, und für sie sogar die Todesstrafe befürwortete.

Statt einer Kirche haben wir nun unzählige christliche Kirchen auf der Erde, die alle Jesus für sich in Anspruch nehmen: Katholiken, Orthodoxe, Lutheraner, Reformierte, Evangelikale, Unierte, Calvinisten, Zwinglianer, Methodisten, Mennoniten, Freikirchler, Baptisten, Mormonen, Heilige der letzten Tage, Zeugen Jehovas, geldmächtige amerikanische Sekten. Es gibt regelrechte religiöse Wellen mit Jesus als Superstar – »Jesus Movements« –, esoterische Bewegungen, ein großes Interesse an orientalischer Religion und seit Annemarie Schimmel auch an islamischer Mystik und islamischem Sufismus. Das alles einschließlich Aberglauben und Teufelsanbeterei sind die Spätfolgen. Nun kann man eine solche Entwicklung durchaus begrüßen und sagen, das ist die Vielfalt und Lebendigkeit des christlichen Glaubens. Aber je weniger die globale Christenheit mit einer Stimme zu sprechen vermag, desto geringer wird ihre geistige politische Stoßkraft, die die Menschheit angesichts der großen Herausforderungen unserer Zeit dringend nötig hat. Dazu gehört eine möglichst geschlossene christliche Gegenöffentlichkeit und Politik.

Manche in der ökumenischen Diskussion geben sich mit der Uneinheitlichkeit der Konfessionen zufrieden oder schließen, wie der EKD-Grundlagentext »Rechtfertigung und Freiheit«, statt einer anzustrebenden Einheit als Ziel eine wünschenswerte Pluralisierung im abendländischen Christentum nicht aus.[1] Diese – ich nenne sie PAC – wird die Bedeutungslosigkeit der zwei Milliarden Christen perpetuieren und verfestigen. Die Regenten in der Welt, in der Wall Street und die von ihnen abhängigen, auch »christlichen«, Regierungen werden weitermachen wie bisher, als ob nichts passiert wäre. Sie werden die sporadischen Erklärungen des Weltkirchenrates zur Kenntnis nehmen oder auch nicht.

»Die Welt ... wird vom Geld geprägt«, sagte Hilmar Kopper, der frühere Vorstandssprecher der Deutschen Bank: »Geld, Geiz, Gier – das sind die drei großen

Konstanten.« Und es gehe immer und überall nur darum, aus Geld mehr Geld zu machen, und zwar möglichst schnell.[2] Diese Geldgeschäfte verlangen die schnellsten Verbindungen. Der Datentransfer zwischen den Finanzplätzen London und New York dauert nur noch 26 Millisekunden. Wenn der 300 Millionen US-Dollar teure transatlantische Glasfaserlink, genannt Hibernia Express, installiert ist, geht es noch einmal um 2,6 Millisekunden schneller. Eine Millisekunde schneller bringt ein Plus von etwa hundert Millionen Dollar.[3] Die Jungs an der Börse werden keine Zeit haben, in die Denkschriften z. B. der EKD, wenn sie überhaupt wissen, was das ist, einen Blick zu werfen. Vielleicht hören sie etwas von der einen oder anderen Enzyklika, weil sie der katholischen Kirche, je nach Führung, schon mal einen partiellen Boykott zutrauen, allerdings auch das nicht ernsthaft bei vergeistigten Leuten, wie dem ehemaligen Papst Joseph Ratzinger. Der jetzige Papst Franziskus ist für die Geldmagnaten, Spekulanten, Devisenhändler, Investmentbanker gefährlicher, denn er sagt: »Diese Wirtschaft tötet.«[4]

Der Kapitalismus hat den Sinngehalt der Ökonomie zerstört.[5] Der Begriff Ökonomie leitet sich vom griechischen *oikos* – »das Haus« – her und beschrieb ursprünglich, auf welche Art und Weise die Bedürfnisse des Hauses und seiner Bewohner befriedigt werden sollten, wobei man sehr bald unter »Haus« auch die Gemeinde bzw. das Land verstand. Mit Beginn der Industrialisierung wurde dieser Sinngehalt verändert. Zwar war die Nachfrage der Menschen und der Gemeinden, im weitesten Sinne später auch der Weltgemeinschaft, immer noch Bestandteil der Ökonomie, aber ihr Ziel wurde plötzlich auch die Anhäufung von Reichtum um des Reichtums willen, losgelöst vom *oikos*. Der Sinn der Wirtschaft und des Geldes wurde grundsätzlich verändert und der Geldbesitz verabsolutiert. Die Akkumulation des Reichtums überschritt alle Grenzen und Schranken, steigerte sich ins Uferlose und verlor jeden Bezug zur realen Ökonomie. Diese »Philosophie« wurde zum absolutistischen Diktator der Aktienkurse und Börsenwerte, und die Abendnachrichten der öffentlich-rechtlichen Anstalten sekundierten mit offizieller Hofberichterstattung. Die gesamte Finanzwirtschaft wurde durch dieses Denken in den Abgrund gerissen, und die reale Ökonomie ist nun existentiell gefährdet.

In ihrem neoliberalen Privatisierungs- und Deregulierungswahn hat die Politik die Kontrolle über die Wirtschaft aus der Hand gegeben und den Spekulanten und dem Großkapital einen roten Teppich ausgerollt. Doch der Wohlstand, den man sich davon erhoffte, ist für die meisten Menschen ausgeblieben, wenn er sich nicht gar ins Gegenteil verkehrt hat.[6]

Wie soll 2017 an die Reformation erinnert werden?

Vor allem drei Fragen haben mich bei der Beschäftigung mit Luther interessiert. Erstens: Haben die Kirchen noch eine Zukunft? Zweitens: Was waren die eigentlichen Gründe für die Trennung von der alten Kirche? Drittens: Besteht denn eine Chance, heute – 500 Jahre später – die Trennung wieder rückgängig zu machen oder vielleicht eine neue Einheit zu finden? Wäre das mit Luther, der evangelischen und der katholischen Kirche zu schaffen? Mir ist klar, dass die Frage der Ökumene inzwischen von Hunderten Geschichtswissenschaftlern und Theologen, Kirchenpräsidenten, Bischöfen und einfachen Pfarrern sowie von vielen Gläubigen erörtert und zwischen den Kirchen bereits eine Verständigung gesucht wurde. Das war dringend notwendig angesichts der theologischen und vor allem politischen Folgen, die die Reformation nach sich zog. Doch aus Anlass des bevorstehenden 500. Jahrestags der Reformation darf man fragen, wie die Kirchen dieses Ereignis zu feiern gedenken. Alle vorangegangenen Reformationsfeste waren antiökumenisch, nationalistisch und antikatholisch, resümierte Bischof Feige, der Vorsitzende der Ökumene-Kommission der deutschen Bischofskonferenz, letztes Jahr in einer »Zwischenbilanz« zum Reformationsgedenken und fragte, ob es 2017 so weitergehen solle:[7]

1617. Vergewisserung der protestantischen Identität und Reformation als Konkurrenzunternehmen zum katholischen Trienter Konzil; als Gegenschlag feiert die katholische Kirche das Sonderjubiläum zur »Ausrottung der Ketzereien«.

1817. Nach den Befreiungskriegen: Luther als deutscher Nationalheld und ideales Vorbild eines Bürgers.

1917. Mitten im Ersten Weltkrieg: Luther als Gründungsvater des Deutschen Reiches – gemeint war das Wilhelminische Kaiserreich, das allerdings nach 46 Jahren am Ende war –, gefeiert als Deutscher schlechthin und möglicher Retter des Volkes (!).

1933–45. Bei den Nazis: Luther als einer der Vorboten des Führers? Oder als Aufrufer zum Widerstand (Bekennende Kirche)?

1983. Anlässlich von Luthers 500. Geburtstag: Die DDR entdeckt und feiert Luther und Thomas Müntzer als frühbürgerliche Revolutionäre und als Vorläufer des Sozialismus.

Kurzum: Alle bisherigen Luther-Jubiläen wurden von den jeweils herrschenden politischen Verhältnissen und Lehrmeinungen geprägt, und man kann heute rückblickend sagen, gefälscht. Wie soll das nun 2017 beim 500-jährigen »Reformationsjubiläum« (evangelische Kirche) bzw. »Reformationsgedenken« (katholische Kirche) aussehen, im Zeitalter der Globalisierung und Digitalisierung sowie stetig fortschreitender Säkularisierung bei gleichzeitiger Zunahme der fundamentalistischen Absolutismen und kapitalistischen Wirtschaftsweise?

Die evangelischen Kirchen bereiten sich seit der Luther-
dekade 2008 mit unterschiedlichen Akzenten intensiv
auf dieses Jubiläum vor: Luther als Glaubensheld und
Freiheitskämpfer oder als prophetischer Gottesmann
und Neubegründer des Christentums. Luther-Kenner
wie Gerhard Ebeling, Thomas Kaufmann, Heinz Schilling, Martin Brecht, Volker Leppin und Augustinus
Sander versachlichten das Lutherbild durch anerkannte Forschungsergebnisse. Im Leben und in der Lehre
Luthers gab und gibt es, wie wir gesehen haben, eine
Reihe von Paradoxa, die auch bei wohlwollender Interpretation nicht auf einen Nenner gebracht und harmo-
nisiert werden konnten. Man kann feststellen, bis auf
den heutigen Tag ist die evangelische Kirche mit ihrem
exzentrischen Gründer beschäftigt. Es ist auch vor allem
in der bürgerlichen Presse wie »FAZ« und »Die Welt«
versucht worden, diese geistlichen, theologischen und
politischen Kataklysmen zu vertuschen durch eine totale
Überhöhung Luthers als geistigem Inspirator und Ideen-
geber für das private und öffentliche Leben, für gesellschaftliche Strukturen, Rechtstheorien, die Entwicklung
der Wissenschaften und avantgardistische Kunstauf-
fassungen. Gleichzeitig wurde die zeitgeschichtliche
Bedeutung Luthers relativiert durch die Aufwertung von
Reformbewegungen innerhalb der katholischen Kirche
etwa von Franziskus, Karl Borromäus oder Ignatius,
den Taizé-Brüdern bis hin zum II. Vatikanischen Konzil, sowie durch Hinweise auf parallele außerkirchliche
Reformen, z. B. der Renaissance, des Humanismus mit

Erasmus von Rotterdam, der besonders hervorgehoben werden muss, der Aufklärung, des deutschen Idealismus und des Marxismus.

Anathema, anathema!

Die Weltgeschichte hat das Verhältnis zwischen den Konfessionen entscheidend verändert. Um dies zu erkennen, muss man sich nur vor Augen halten, was sich auf dem I. Vatikanischen Konzil 1870 abgespielt hat – Hans Küng liefert uns eine lebendige Schilderung:[8] Was als protestantisch angesehen wurde, war für den Großteil des Konzils grundsätzlich indiskutabel. Schon im Vorwort des von der Glaubensdeputation dem Konzil vorgelegten und bereits revidierten Schemas »Über den katholischen Glauben« war zu lesen, dass der Protestantismus an allen Irrtümern der Zeit, wie dem Rationalismus, Pantheismus, Materialismus und Atheismus, schuld sei. In einer später berühmt gewordenen Rede wies Bischof Stroßmayer darauf hin, dass diese Irrtümer bereits lange vor dem Protestantismus da gewesen wären. Sogar unter den Protestanten gäbe es viele große Namen, die sich genau gegen diese Irrtümer wendeten und sich ihnen entgegenstellten. Unter den Protestanten befände sich eine große Gruppe von Menschen, sowohl in Deutschland und England als auch in Amerika, die den Herrn Jesus Christus liebten und somit die Anwendung der augustinischen Worte verdienten: »Sie irren in der

Tat, aber sie irren in gutem Glauben.« Als Stroßmayer dies verkündete, hob ein verstärktes Murren in der Versammlung der Peterskirche an. Er fuhr jedoch trotzdem mit dem Augustinus-Zitat fort: »Sie sind Häretiker, aber niemand sieht in ihnen Häretiker.« Nachdem er dies gesagt hatte, unterbrach Konzilspräsident Kardinal De Angelis Stroßmayers Vortrag und ermahnte ihn, von diesen Ärgernis erregenden Worten abzusehen. Als Stroßmayer trotzdem weiterredete, mischte sich Konzilspräsident Kardinal Capalti mit den Worten ein: Da nicht von den Protestanten als Personen die Rede sei, verstoße es nicht gegen die Liebe, wenn man sage, die Ungeheuer von modernen Irrtümern kämen vom Protestantismus her. Hierauf entbrannte eine erregte Kontroverse zwischen Capalti und Stroßmayer, die förmlich in einem Sturm der Entrüstung endete, als Stroßmayer, um dem Gemurr ringsum zu begegnen, rief: »Ich schreibe dies den beklagenswerten Umständen bei diesem Konzil zu.« Als Stroßmayer schließlich auch noch auf die Frage der für ihn notwendigen »moralischen Einstimmigkeit« bei Konzilsbeschlüssen zu sprechen kam (auf welche Anfrage die Minoritätsbischöfe seit einem Monat keine Antwort erhalten hatten), wurde er ohne Halten niedergeschrien. Die Väter waren rasend vor Wut (»obstrepunt, vix non fremunt« heißt es im Protokoll) und verlangten von ihm, herunterzusteigen. Wieder entbrannte ein heftiger Streit, bei dem alle wirr durcheinanderschrien. Als Stroßmayer schließlich unter Protest beschloss, hinunterzusteigen, erhoben sich auch die aufgebrachten Väter und ließen ihrem Unmut freien Lauf. So sagten einige: »Diese Leute wollen die Unfehlbarkeit des Papstes nicht haben; ist dieser Mann doch selber unfehlbar!« Andere: »Er ist Luzifer, anathema, anathema!« Wieder andere: »Er ist ein zweiter Luther, lasst ihn hinausjagen!« Und alle riefen laut: »Herunter! Herunter!« Er aber sagte in einem fort: »Ich protestiere, ich protestiere«, und kam herunter.

Zwischen damals und heute liegt ökumenisch gesehen eine revolutionäre Änderung der Gedankenwelt vergleichbar der Entnazifizierung 1945. Vor allem die beiden Weltkriege sowie Flucht und Vertreibung aus den früheren Ostgebieten Deutschlands, den bislang konfessionell homogenen Gemeinden, die Öffnung der katholischen Kirche im II. Vatikanischen Konzil, der antikommunistische Kampf von Papst Johannes Paul und die Bedeutung der evangelischen Kirche für die Revolution 1989/90 in der DDR haben dazu beigetragen, dass ein völlig neues Verhältnis zwischen den beiden Konfessionen entstanden ist, resümierte Bischof Feige in seiner erwähnten »Zwischenbilanz auf dem Weg zum Reformationsgedenken 2017«.

Aber in der öffentlichen Auseinandersetzung, führte Feige weiter aus, dominiere das Betonen der Gegensätze zwischen einer männlich geprägten katholischen Kirche und einer weltoffenen frauenfreundlichen evangelischen Kirche, zwischen der orthodoxen Konzeption der Ehe auf katholischer Seite und ihrer offenen Konzeption auf protestantischer Seite. Insgesamt bestehe noch ein riesengroßer Bedarf an Klärung, sachlicher Information und Abbau von Vorurteilen. Aber genauso sei das Bewusstsein gemeinsamer Verantwortung gewachsen für schreckliche Folgen der Trennung in blutigen Konfessionskriegen, gegenseitiger Verfolgung, Unterdrückung von Minderheiten und Schikane von Menschen, die ökumenisch zusammenkommen wollten und nicht durften.

Wiederentdeckt werden Feige zufolge die Vermittlungstheologen und Kirchenpolitiker, die schon von Anfang an eine Versöhnung anstrebten, wie Philipp Melanchthon oder der letzte katholische Bischof von Naumburg-Zeitz Julius von Pflug. Vorbildlichen Charakter hatte dann z. B. die Gemeinsame Erklärung von Papst Paul VI. und dem orthodoxen Patriarchen Athenagoras I. im Jahre 1965, mit der die gegenseitigen Verurteilungen, die zum Schisma von 1054 geführt hatten, aufgehoben wurden. Es gibt die Erklärung von Papst Paul VI. zu Beginn der zweiten Session des II. Vatikanischen Konzils, in der er seine Bitte um Vergebung aussprach: »Falls irgendeine Schuld Uns für diese Trennung zuzuschreiben wäre, so bitten Wir demütig Gott um Verzeihung und bitten gleichzeitig die Brüder um Vergebung, falls sie sich von Uns verletzt fühlen sollten; und was Uns angeht, sind Wir bereit, die Beleidigungen zu verzeihen, die die Katholische Kirche getroffen haben, und den Schmerz zu vergessen, der ihr in der langen Folge der Auseinander-

setzungen und Trennung zugefügt worden ist.«[9] Nicht
weniger bedeutend war 2010 die Bitte des Lutherischen
Weltbundes um Verzeihung wegen der Verfolgung der
Täufer, an der auch Luther beteiligt war, an die Adresse
der Mennoniten, der religiösen Nachfolgegemeinschaft
der Täufer.[10]

Auf der Basis dieser Entwicklung wurde auch verstärkt
versucht, zu einer Verständigung in strittigen Fragen zu
kommen. Dazu gehören Erklärungen der internationa-
len Gemeinsamen Römisch-katholischen/Evangelisch-
lutherischen Kommission anlässlich des 500. Geburts-
tages von Martin Luther 1983 und in besonderer Weise
die »Gemeinsame Erklärung zur Rechtfertigungslehre«
1999, die aber vor allem auf evangelischer theologischer
Seite nach wie vor umstritten ist. Ein weiterer wichtiger
Beitrag war 2013 der Bericht einer gemeinsamen Kommission für die Einheit unter dem Titel »Vom Konflikt
zur Gemeinschaft«, worin festgehalten wird, dass die Tat-
sache der Kirchenspaltung für keine der beiden Kirchen
ein Anlass zum Feiern sein könne.[11] Wichtig ist auch der
2014 herausgegebene EKD-Grundlagentext »Rechtfertigung und Freiheit«, der allerdings in den Augen der
katholischen Kirche statt einer anzustrebenden Einheit
als Ziel eine wünschenswerte Pluralisierung der abendländischen Christenheit nicht ausschließt.[12] Es gab auch
Rückschläge, etwa als Benedikt XVI. und die römische
Glaubenskongregation der evangelischen Kirche den
Charakter einer wahren Kirche abgesprochen haben,

auch sein distanziertes Verhalten gegenüber den Vertretern der evangelischen Kirche bei seinem Deutschlandbesuch in Erfurt wäre hier zu nennen. Desungeachtet hat sich aber durchgesetzt, dass es keine Gründe mehr gibt, sich gegenseitig zu verurteilen.

Bedenken aus der Provinz

Das Klima hat sich also stark verändert zugunsten der Ökumene. Aber ist echte Bewegung erkennbar? Es wird – um mit Bischof Feige zu sprechen – viel versachlicht, viel versöhnt und auch viel verständigt, aber dennoch ist das Ergebnis nicht berauschend. Eine Reaktion der Basis: In einem Kommentar des pfälzischen »Evangelischen Kirchenboten« vom Dezember 2014 heißt es, dass es um die Ökumene schon mal besser bestellt gewesen sei: »Heutzutage ist die Ökumene weniger von menschlichen Beziehungen geprägt als vielmehr von einer inzwischen 50 Jahre alten Funktionärstheologie bestimmt; von Menschen, die sich bisweilen ein Berufsleben lang mit den immer gleichen Fragen befassen. Was soll sich da noch ändern? Oft hat es den Anschein, als seien diese Spezialisten die eigentlichen Bremser. Dennoch ist es wichtig festzuhalten, was jetzt schon denkbar und weiterhin unmöglich ist. Auf protestantischer Seite fehlt oft das Eingeständnis, dass es mit der römisch-katholischen Weltkirche, also mit dem Papst, keine Verhandlungen ›auf Augenhöhe‹ geben kann, und ein Diözesanbischof, quasi ein Filialleiter, nicht ›auf Augenhöhe‹ mit einer selbständigen evangelischen Landeskirche ist.«[13] Das ist gewiss schon vom Formalen her eine beachtliche Hürde. Der Papst steht sozusagen über den Kirchenpräsidenten, aber die Kirchenpräsidenten über den Bischöfen. »Die katholischen Bischöfe«, so der Kommentar weiter, »haben es in Deutschland keineswegs leichter. Sie stehen unter dem Diktat der bisherigen Ökumenediplomatie des Vatikans, die darauf abzielt, den abtrünnigen Schäfchen die Rückkehr unter den Primat des Papstes zu erleichtern. Den Willen Roms ignorieren kann ein katholischer Bischof nicht.« Worauf muss es also ankommen? Es ist wichtig festzuhalten, was jetzt schon denkbar, aber eben auch weiterhin möglich ist. Nicht das Unmögliche suchen, sondern das Mögliche anstreben.

Ein Glaubensbekenntnis

Am 21. November 2014 fand zum 50. Jahrestag der Verabschiedung des Ökumenedekrets »Unitatis redintegratio« des II. Vatikanischen Konzils ein ökumenischer Gottesdienst im Dom zu Speyer statt. Dieser Gottesdienst begann – wie kann es anders sein – mit dem Einstimmungsgebet der Konzilsväter: »Adsumus – hier sind wir Herr, Heiliger Geist. Hier sind wir, mit großen Sünden beladen.« Die Sündentheologie fiel also sozusagen gleich mit der Tür ins Haus. Aber sie fand sich in den folgenden Liedern und Texten nicht wieder.

Vielleicht nach dem Motto: Es musste halt noch einmal gesagt werden. Und die katholische Theologie kam am Schluss des Adsumus-Gebets auch noch zu ihrem Recht mit der Bitte, »dass wir in der kommenden Welt für rechtes Handeln ewigen Lohn empfangen. Amen«. Das hätte der alte Luther mit Sicherheit nicht unterschrieben. Aber das Überraschende an diesem Gottesdienst war sein Ende. Die Anwesenden – der Speyerer Dom war halbvoll, ein ordentliches Ergebnis am Freitagabend – beteten alle das gemeinsame Glaubensbekenntnis. Alle, d. h. auch die anwesenden geistlichen Führer der versammelten kirchlichen Gemeinschaften:

Bischof Dr. Karl-Heinz Wiesemann, Bistum Speyer,

Kirchenpräsident Christian Schad, Evangelische Kirche der Pfalz,

Erzpriester Dr. Georgios Basioudis, Griechisch-orthodoxe Kirche,

Ernst-Christian Driedger, Arbeitsgemeinschaft Südwestdeutscher Mennoniten-Gemeinden,

Pastor Andreas Denkmann, Evangelisch-methodistische Kirche,

Pfarrer Oliver van Meeren, Katholisches Bistum der Alt-Katholiken,

Pfarrer Scott Morrison, Selbständige Evangelisch-Lutherische Kirche (SELK),

Pastor Dr. Jochen Wagner, Bund Freier Evangelischer Gemeinden/Vorsitzender der ACK, Arbeitsgemeinschaft Christlicher Konfessionen – Region Christlicher Kirchen – Region Südwest,

Hans Erhard Wilms, Bund Evangelisch-Freikirchlicher Gemeinden (Baptisten).

Sie alle beteten das Nicänische Glaubensbekenntnis, wo es gegen Ende heißt: »Wir glauben an den Heiligen Geist … und die eine, heilige, katholische und apostolische Kirche.« Ich war gespannt, ob alle bei dieser Passage mitbeten würden. Sie standen vorne hellbeleuchtet, waren also gut zu sehen, und in der Tat, vom Kirchenpräsidenten angefangen bis zum Vertreter der Freikirchlichen glaubten alle an die heilige katholische Kirche. Nun ist natürlich klar, dass jeder der Anwesenden unter dem Begriff »katholisch« zumindest teilweise etwas anderes verstand. Aber es ist der gemeinsame Begriff, und »katholische Kirche« bedeutet nichts anderes als »allgemeine Kirche«. Das Wort kommt vom Griechischen *kat'holon*, d. h. »auf das Ganze bezogen«, und kennzeichnet die Weltkirche, allerdings – leider, so muss ich sagen – versehen mit dem Begriff »römisch«, wodurch diese eine, allgemeine Weltkirche konfessionalisiert wurde, was der speziellen Dummheit der gegenreformatorischen Kirchenleitung zu verdanken ist. Den Protestanten konnte es recht sein, kamen sie so doch kirchenpolitisch auf Augenhöhe mit der alten Kirche. Es ist richtig, dass die Protestanten mit der Konfessionalisierung angefangen haben, aber die Hybris verwirrte die Gedanken der Kurie und der Päpste offenbar so total, dass ihnen Rom, romhörig, zu Rom gehörig wichtiger war als der begriffliche Anspruch, die universale Kirche zu sein.

Diese Demonstration gemeinsamen Glaubens und der darauffolgende ökumenische Kirchentag an Pfingsten 2015 sind allen Beteiligten, insbesondere dem katholischen Bischof Karl-Heinz Wiesemann, der den Speyerer Dom dafür bereitstellte, und dem evangelischen Kirchenpräsidenten Christian Schad, zu danken.

Das Nicänische Glaubensbekenntnis, verabschiedet auf den Konzilen von Nicäa (325 n. Chr.) und Konstantinopel (381 n. Chr.), hat folgenden Wortlaut:

> Wir glauben an den einen Gott,
> den Vater,
> den Allmächtigen,
> der alles geschaffen hat,
> Himmel und Erde,
> die sichtbare und die unsichtbare Welt.

> Und an den einen Herrn Jesus Christus,
> Gottes eingeborenen Sohn,
> aus dem Vater geboren vor aller Zeit:
> Gott von Gott,
> Licht vom Licht,
> wahrer Gott vom wahren Gott,
> gezeugt, nicht geschaffen,
> eines Wesens mit dem Vater;
> durch ihn ist alles geschaffen.
> Für uns Menschen und zu unserm Heil ist er vom
>   Himmel gekommen,

hat Fleisch angenommen durch den Heiligen Geist
von der Jungfrau Maria und ist Mensch geworden.
Er wurde für uns gekreuzigt unter Pontius Pilatus,
hat gelitten und ist begraben worden,
ist am dritten Tage auferstanden nach der Schrift
und aufgefahren in den Himmel.
Er sitzt zur Rechten des Vaters
und wird wiederkommen in Herrlichkeit,
zu richten die Lebenden und die Toten;
seiner Herrschaft wird kein Ende sein.

Wir glauben an den Heiligen Geist,
der Herr ist und lebendig macht,
der aus dem Vater und dem Sohn hervorgeht,
der mit dem Vater und dem Sohn angebetet und
    verherrlicht wird,
der gesprochen hat durch die Propheten,
und die eine, heilige, katholische und apostolische
    Kirche.
Wir bekennen die eine Taufe zur Vergebung der
    Sünden.
Wir erwarten die Auferstehung der Toten
und das Leben der kommenden Welt.
Amen

Ein evangelischer Oberkirchenrat sagte mir auf die Frage
nach dem gemeinsamen Nicänischen Glaubensbekenntnis: »Das Schöne bei uns Evangelischen besteht darin: Wir
müssen davon nicht alles glauben – ganz im Sinne Lu-

thers, keine Instanz steht mehr zwischen dem Menschen und Gott, die beiden machen das untereinander aus, und jeder nimmt Jesus für sich in Anspruch.« Das ist eine interessante und schöne Theorie. Es muss ja auch nicht alles einheitlich sein. Wer die Vorstellung hat, in der einheitlichen Kirche, der »una sancta ecclesia«, müssten alle moraltheologischen Auffassungen der Glaubenskongregation in Rom übernommen werden, will in Wirklichkeit die Einheit torpedieren. Wer auf der anderen Seite alles liberalisiert, wie der zitierte Oberkirchenrat, riskiert Abspaltungen der Piusbrüder und anderer orthodoxer, strenggläubiger Katholiken sowie eine Entfremdung der orthodoxen Kirche. Deswegen muss man jedoch nicht die Flinte ins Korn werfen. Man muss das festhalten, was schon inhaltlich erreicht ist, und das ist nicht wenig: das eben zitierte gemeinsame Nicänische Glaubensbekenntnis und die verbale Einigung in der Rechtfertigungslehre. Außerdem muss ja beachtet werden, dass es im Ökumenedekret des II. Vatikanischen Konzils heißt: »Beim Vergleich der Lehren miteinander sollte man nicht vergessen, dass es eine Rangordnung oder ›Hierarchie‹ der Wahrheiten innerhalb der katholischen Lehre gibt.«[14] Papst Johannes XXIII. zitierte den Jesuiten und Erzbischof von Split Markantun de Dominis aus dem Jahr 1617 zu Beginn des Konzils: »Es gelte im Notwendigen Einheit, im Zweifel Freiheit und in allem die Liebe.«[15]

Luthers Abgrenzungskriterien sind heute obsolet

Luther hat die Unterschiede zwischen seiner Lehre und der der damaligen katholischen Kirche klar herausgearbeitet, so in seiner Schrift »Wider Hans Worst« von 1541. Er fasst seine Kirche als die richtige Kirche auf. Ja, er behauptet sogar, seine Kirche sei die alte katholische Kirche, während sich die Papistenkirche nicht mehr als Kirche Jesu Christi bezeichnen dürfe. Er nennt seine Kirche *»Ecclesia sancta catholica«* und meint damit *»ein besonders berufenes Volk, … ein christliches heiliges Volk, das da an Christus glaubt … und hat den Heiligen Geist, der sie täglich heiligt … durch die Vergebung der Sünden«*.[16] Sie unterscheide sich von der Römisch-katholischen Kirche vor allem dadurch, dass sie sieben Merkzeichen habe:[17] das gesprochene Wort Gottes, das Abendmahl, die Taufe, die Gewalt über das Binden und Lösen der Sünden, die von Pfarrern, Bischöfen oder Predigern ausgeübten Ämter der Kirche, der öffentlich gefeierte Gottesdienst sowie die Ohnmacht aller Christen hinsichtlich der Welt, die im Kreuz Christi begründet ist. Die evangelischen Christen gehörten zur wahren alten Kirche, so sagt er, da bei ihnen Abendmahl, Taufe, das Schlüsselamt, das Wort Gottes, das Apostolische Glaubensbekenntnis und das Vaterunser, die Obrigkeit und der Ehebund anerkannt seien. Die alte Papstkirche stehe im Gegensatz dazu, weil das Mönchtum dort als erneute Taufe gelte, der Ablasshandel aufblühe, die Werke rechtfertigende Wirkung hätten, statt einer wahren Vergebung der Sünden die Leute auf Wallfahrten gehen müssten, der Abendmahlskelch abgelehnt werde, weil das Sakrament in Gestalt des Brotes vollständig gültig sei, trotz der Sündenvergebung kirchliche Gesetze auf dem Gewissen lasteten, uninspirierte Predigten vorherrschten und Heiligenverehrung zum religiösen Alltag gehörte. Außerdem würden die Machthaber und die Ehe verachtet. Die Papstkirche habe die wahren Lehren entstellt und verdeckt, so dass »*sie die alte Kirche und ihren alten Bräutigam als eine Erzteufelshure verlassen [hat], abtrünnig geworden und nicht allein ketzerisch …, sondern widerchristlich und gotteswidrig, ja des Teufels letzte und schändlichste Braut ist*«.[18] Das ist nun ziemlich konstruiert und kann nicht ganz ernst gemeint sein.

Luther sieht die Unterschiede, wie er sie sehen will, und für die kirchliche Praxis hat er auch nicht ganz unrecht. Doch bei einem einfachen Vergleich ergibt sich ohne weiteres, dass fast alle lutherischen Abgrenzungskriterien inzwischen obsolet sind. Denn Taufe, Abendmahl, das Schlüsselamt, Gottes Wort, das Apostolische Glaubensbekenntnis, das Vaterunser und die Beichte sind auch von der katholischen Kirche anerkannt. Die Frage mit der Obrigkeit kann offenbleiben, weil sie in dem Zusammenhang von untergeordneter Bedeutung ist. Das Handeln mit Ablässen ist abgeschafft, die Rechtfertigungslehre akzeptiert. Bleibt die Existenz von Mönchen und Nonnen.

Offene Fragen

Unbestreitbar gibt es darüber hinaus eine Reihe von Fragen, die Luther gar nicht kannte und in denen zwischen den Kirchen, aber auch innerhalb der Kirchen unterschiedliche Meinungen bestehen. Meist sind es Zweifelsfragen, die laut Johannes XXIII. eigentlich in Freiheit entschieden werden könnten. Die Frage des Laienkelches ist positiv entschieden, aber offen bleibt die Erbsünde. Gibt es einen Teufel und eine Hölle, existieren Engel? Hatte Jesus eine Frau? Was ist mit der Jungfrauengeburt? Sind Jesus und Maria leibhaftig in den Himmel aufgefahren? Sollten Pfarrer, Bischöfe, ja sogar der Papst vom Kirchenvolk gewählt werden? Ist die Pille erlaubt, die Pille danach? Wann beginnt das menschliche Leben, in welchem Stadium der Entwicklung? Ist die Spirale ein Abtreibungsinstrument? Wie sieht dementsprechend der gesetzliche Embryonenschutz aus? Darf man Sterbehilfe geben, und ist Selbstmord erlaubt?

Solche Fragen können auch offenbleiben. Evangelische und katholische Christen müssen über sie ökumenisch nachdenken. Alle, auch kirchlich nicht gebundene Menschen – und sie sind in Deutschland die Mehrheit –, haben dazu ohnehin ihre eigenen, oft höchst unterschiedlichen Meinungen. Woran müssen aber Evangelische und Katholiken übereinstimmend und unbedingt glauben, um eine neue »sancta ecclesia«, eine heilige Kirche zu werden? Die Einheit muss nicht scheitern. Nur wird es eben eine andere Einheit sein müssen. Vielleicht, um mit Hans Küng zu sprechen, eine Einheit nicht unter, sondern mit dem Papst.

Diskussion statt Dogma

Der Nachfolger von Benedikt XVI., Papst Franziskus, hat für die Unterrichtung sogenannter Laien einen Anfang gemacht. Er propagierte zwar noch nicht das allgemeine Priestertum Martin Luthers, aber er forderte, dass die Bischöfe nicht länger als Einzige ihre Stimme erheben, sondern die sogenannten Laien sich einmischen sollten, sobald fundamentale katholische Werte bedroht seien. Auch forderte er, die Rolle der Kongregation für die Glaubenslehre aus dem Geist des II. Vatikanischen Konzils heraus zu überdenken. Ihr Präfekt, der erzkonservative Erzbischof Gerhard Ludwig Müller, ließ im Juni 2013 verlauten, der Krieg zwischen Kurie und Befreiungstheologie sei beendet. Die Befreiungstheologie gehöre zu den bedeutsamsten Strömungen der katholischen Theologie im 20. Jahrhundert und sei folglich als solche anzuerkennen. Fairerweise muss man sagen, dass er das schon immer vertreten hat. Nicht zuletzt verfiel Franziskus auf die Methode, eine Bischofssynode über Familienfragen einzuberufen. Er bediente sich dafür eines Instrumentes, das in der Politik – nicht aber in der katholischen Kirche – schon lange eine Rolle spielt, nämlich einer Umfrage. In allen Diözesen wurden an die Kirchenmitglieder Fragebögen verteilt mit der Bitte, darin ihre Einschätzung bestimmter katholischer Lehrmeinungen zu Ehe und Familie darzulegen. Zur Einleitung der Bischofssynode sprach Franziskus von »der Versuchung feindseliger Verhärtung« bei traditionalistischen Bischöfen, die sich unter Missachtung der menschlichen Realitäten hinter den Buchstaben der Lehre eingeschlossen hätten, und erklärte die Umfrageergebnisse zur Grundlage für die folgenden sehr kontroversen Diskussionen über die dogmatischen Festlegungen zur Unauflöslichkeit der Ehe sowie zu dem Verbot der Empfängnisverhütung, der Kommunion wiederverheirateter Geschiedener und der »Homoehe«.[19]

Papst Franziskus hat offensichtlich den Willen, die Diskussion in der katholischen Kirche wiederzueröffnen und die Vorherrschaft der dogmatischen Denkweise in Frage zu stellen. Damit knüpft er durchaus an eine katholische Tradition an, aber eher an eine des Streits als eine der päpstlichen Bevormundung. Denn auch auf den Konzilen und in den Synoden im Verlauf vor allem des ersten, aber auch zweiten Jahrtausends wurde heftig gestritten um die wahre, richtige Auslegung des Evangeliums. Selbst große Theologen und Heilige wurden innerhalb der katholischen Kirche Gegenstand von Disputen und Strafverfahren. Ignatius von Loyola wurde achtmal vor die Inquisition gebracht wegen seiner großen Exerzitien. Wie er standen viele, die später heiliggesprochen wurden, im Gegensatz zur kirchlichen

Obrigkeit. Vor allem die Frauen, Hildegard von Bingen, Teresa von Ávila, aber auch Elisabeth von Thüringen, hatten ständigen Ärger mit den kirchlichen Autoritäten. Franz von Assisi passte mit seiner Option für die Armen und seinem radikalen Bestreben, dem besitzlosen Christus nachzufolgen, sozusagen wie die Faust aufs Auge auf die damaligen Zustände in Rom. Auf dem I. Vatikanischen Konzil 1870/71 wurde heftig über das Dogma der Unfehlbarkeit des Papstes gestritten, die gegnerische Minderheit brach damals sogar das Konzilsgeheimnis und startete eine Pressekampagne, um die Mehrheit davon abzubringen, und rund 60 Bischöfe blieben der Endabstimmung fern, um nicht gegen die Konstitution stimmen zu müssen. Auch die Bischofsynode, die Franziskus eingerichtet hatte, ging mit heftigen Kontroversen auseinander, mit Abstimmungsergebnissen 50:50 oder Zwei-Drittel-Mehrheiten. Der Prozess über Familie und Ehe ist nicht abgeschlossen, im Gegenteil. Die Auseinandersetzung ist jetzt erst richtig entbrannt und wird in der zweiten Synode im Herbst 2015 fortgesetzt.

Natürlich sind die Festlegungen in diesem Bereich der Familie nur ein Beispiel der vielen dogmatischen Fixierungen der katholischen Kirche. Welche Auseinandersetzungen hier drohen, wenn dieser Kurs beibehalten wird, konnte man an der wütenden Kritik der rechtsradikalen katholischen Publizistik während der Bischofsynode erkennen. Fünf Kardinäle, an der Spitze der uns nicht als Freigeist bekannte Präfekt der Glaubenskongregation

Gerhard Müller, veröffentlichten schon vor der Synode ein Buch mit ihren Beiträgen gegen die von Kardinal Kasper im Auftrag des Papstes entwickelte Diskussionsvorlage und These einer entdogmatisierenden »neuen Barmherzigkeit«, in deren Namen Kasper wiederverheiratete Geschiedene zur Kommunion zulassen wollte, dies zumindest als eine Diskussionsmöglichkeit bezeichnete. Kasper und Franziskus wurden als »Strippenzieher des Angriffs auf das Ehesakrament«[20] bezeichnet. Beteiligt waren daran die von Joseph Ratzinger gegründete Zeitschrift »Communio« sowie das Internetforum katholisches.info.

Franziskus hat die Antwort darauf eigentlich bereits bei der Eröffnung der Synode im Petersdom gegeben. Dort sprach er von den »Hirten«, die wie die »Winzer« aus dem Gleichnis Jesu Gottes Traum an seinem Volk »vereiteln« würden und den Menschen »unerträgliche Lasten auf die Schultern« legten. Und er sagte, die Hirten sollten sich den »Geruch« des Volkes aneignen und dessen Willen ergründen und sich schließlich von Pfingsten anrühren lassen, um »kreative neue und ungeahnte Möglichkeiten« zu entdecken. Es sei Aufgabe der Führenden, »den Weinberg mit Freiheit, Kreativität und Fleiß zu pflegen«. Jene Winzer, von denen Jesus spricht, hätten »in ihrer Gier und ihrem Hochmut«, mit dem Weinberg zu machen, was sie wollten, Gott die Möglichkeit genommen, seinen Traum von dem Volk, das er sich erwählt habe, zu verwirklichen.[21]

Ökonomisierung der Kirchen

Die Zeit ist vorbei in der katholischen Kirche, Rücksicht zu nehmen auf die autoritären, dogmatischen, traditionalistischen Kräfte. Die Herausforderungen sind zu groß. Die vorherrschende Wirtschaftsideologie ökonomisiert auf der Welt die ganze Gesellschaft einschließlich der Kirchen. In den Ordinariaten und zentralen Ämtern der katholischen und evangelischen Kirche sitzen Volljuristen und Betriebswirte, die alle Sozialleistungen, die von der Sozialversicherung »refinanzierbar« sind, aus der Verantwortung der Kirchen abstoßen und damit die Dienste aufkündigen wollen, die Jesus als eigentliche Aufgabe oder als die große Aufgabe der Christen genannt hat, nämlich Kranke zu pflegen, Flüchtlinge aufzunehmen, Armen Kleider zu geben.

Der in Syrien geborene Dichter Adonis (das Pseudonym von Ali Ahmad Said Esber), für viele der bedeutendste Lyriker der arabischen Welt, meinte in einem Gespräch mit dem »Spiegel« am 15. Dezember 2014: »Der Westen ist kein Vorbild mehr. Ich glaube, dass der Westen keine Ethik mehr hat. ... Vielleicht liegt es an der Wirtschafts- und Finanzkrise, aber der Westen redet von Werten und denkt an seine Interessen.« Er verkünde die Menschenrechte, so Adonis, und dulde, dass den Palästinensern die Menschenrechte vorenthalten blieben. Er propagiere Demokratie und begnüge sich mit Ordnung und Stabilität. Er verspreche Emanzipation und stecke Einflusszonen ab. Er gehe Kompromisse mit der religiösen Macht ein, die sich immer mehr in die Macht der Religion verwandele. Israel sollte einmal der demokratische Modellstaat im Nahen Osten sein. Er entwickele sich, so Adonis, immer stärker zum religiösen Judenstaat. Die Spirale der religiösen Gewalt drehe sich weiter. Jude gegen Muslim, Muslim gegen Jude: ein ewiger Krieg. »Jerusalem ist die Stadt der drei monotheistischen Religionen. Sie müsste also die schönste, die leuchtendste Stadt der Welt sein. Sie ist in Wahrheit die unmenschlichste Stadt der Welt. Die Macht ist im Nahen Osten untrennbar mit der Religion verbunden. Das Grundübel ist die institutionalisierte Religion. Der Glaube muss dem Einzelnen zurückgegeben werden. Er darf nicht Sache des Staats und der Gemeinschaft sein.«

Aber war das nicht Luthers Idee? Der Mensch steht unmittelbar vor Gott. Er braucht keine Vermittlungsinstanz, keine institutionalisierte Kirche, keine Priester, Bischöfe, keine Heiligen, noch nicht einmal die Mutter Maria. Doch diese Idee Luthers ist im Laufe der Reformation und der Entwicklung von Länderstaatskirchen mit den Fürsten als Bischöfen, getreu der Parole »cuius regio, eius religio«, verlorengegangen. Es ist an der Zeit, sie wieder neu zu entdecken. Weg von der Ajatollah-Kirche, hin zur Volkskirche auf dem Boden des Evangeliums.

Wollen die Kirchen der erschreckenden Bewusstseinsveränderung in unserer Gesellschaft kommentarlos zu-

schauen, der Kapitalorientierung, der Ökonomisierung,
dem religiösen Fundamentalismus, der Islamisierung?
Was hätte Luther eigentlich gesagt, wenn die Märkte
der damaligen Zeit beherrscht worden wären von der
Parole der Bauern oder der Kaufleute: »Geiz ist geil.
Ich bin doch nicht blöd!«? In seinem kleinen und im
großen »Sermon von dem Wucher« wandte sich Luther
gegen den Geiz als moralische Untugend und gegen
die Praxis, Geld für Zins zu verleihen, was eigentlich
nur den Juden erlaubt war, weil man ihnen sonst jede
wirtschaftliche Betätigung verboten hatte.[22] Von seinen
Nachfolgern hat die menschenverachtende und evan-
geliumsfeindliche Parole vom »geilen Geiz« keinen
Widerspruch bekommen. Wo blieben der Aufschrei
und der Protest der Kirchen gegen eine derartige Pro-
paganda und Verführung der Menschen? Die Menschheit hat Sehnsucht nach Nächstenliebe, nach Wärme,
Barmherzigkeit und Gerechtigkeit. Die zwei Milliarden
Christen könnten eine andere Welt, eine bessere Welt
erzwingen. Diese zwei Milliarden sind die größten Global Player auf der Erde. Die Einheit der Kirchen, die
Einheit der Christenheit nicht als Aufgabe zu sehen
oder sie sogar zu sabotieren, ist verantwortungslos und
wird, wenn man schon glaubt, auch diese kirchlichen
Verantwortlichen beim Jüngsten Gericht in Schwierigkeiten bringen.

Organisationsform einer gemeinsamen Kirche

Eine neue gemeinsame Kirche könnte so verfasst sein wie ein föderaler Staat, etwa die Bundesrepublik Deutschland. Wir haben in Deutschland 16 Länder, aber eine Verfassung. Alle Bundesländer müssen diese Verfassung anerkennen, wenn sie zu Deutschland gehören wollen, vor allem den Artikel 79 Abs. 3, in dem festgelegt wird, dass der Föderalismus und die in Artikel 1 und Artikel 20 niedergelegten Grundsätze überhaupt nicht abgeschafft werden können, also auch nicht durch eine irgendwie zustande gekommene Mehrheit. Viele Lebensbereiche werden in den Ländern selbständig und ohne Mitwirkung des Bundes geregelt: die Organisation der Polizei, das Schulwesen, ob das Abitur nach 12 oder 13 Schuljahren gemacht werden kann, die Raumplanung, der Umwelt- und Naturschutz, die Städte- und Dorfplanung, die Müllabfuhr und anderes mehr. Jedes Land geht hier eigene Wege und weicht in seinen Regelungen mal mehr, mal weniger von den übrigen ab. Volksabstimmungen und Bürgerbeteiligungen können die Länder regeln, wie sie es für richtig halten. So wurde etwa in Bayern durch Volksabstimmung ein Antirauchergesetz verabschiedet, während in Berlin ein Volksentscheid über die Rekommunalisierung der Energieversorgung Ende 2013 knapp (bzw. »unecht«) gescheitert ist.

Nun ist ja vorstellbar, dass auch die beiden Kirchen sich eine föderale Struktur geben und eine Übereinkunft darüber erzielen, was ihr »Grundgesetz« – also die gemeinsame Verfassung für beide Kirchen – beinhalten soll und welche Glaubensfragen die Kirchen abweichend voneinander beantworten können. Interessant ist die Frage: Wie würde Luther hier entscheiden? Wie unangreifbar sind Dogmen und offizielle Lehrmeinungen? Eben die Frage: Was ist Wahrheit? Weiß das die Glaubenskongregation? Auf naturwissenschaftlichem Gebiet mit Sicherheit nicht, wie der Fall Galilei gezeigt hat. Aber in den Glaubensfragen? Worin würde Luther ihr folgen, was würde er bezweifeln? Für Luther gab es nur eine Basis, eine richtige Erkenntnis, nämlich die Heilige Schrift. Sie könnte und sollte die Basis eines föderalen Zusammenschlusses sein.

Führungsgestalt

Um Föderalisierung und Demokratisierung in den Kirchen zu erreichen, braucht man auch Führungspersönlichkeiten. Für die Durchsetzung der Botschaft des Evangeliums müssten die Kirchen sich auf eine globale Führung einigen. Es wäre ein schwerer Fehler, wenn die katholische Kirche auf den Papst als Führungsgestalt verzichten würde. Worauf sie verzichten kann, ist die undemokratische Papstwahl und der Unfehlbarkeitsanspruch. Ist Letzterer beseitigt, dann könnte in einem ersten Schritt dem Vorschlag des damaligen evangelischen Landesbischofs von Bayern Johannes Friedrich gefolgt werden, wonach die evangelischen Kirchen den Papst in wichtigen Fragen, deren Beantwortung in einer paritätischen Clearingstelle vorher abgestimmt wurde, als ihren Sprecher akzeptieren. Natürlich nicht als Papst im Sinne der katholischen Kirche, sondern als einen, der gemeinsame christliche Ziele in der Welt vertritt und sich dabei auf die Gefolgschaft von zwei Milliarden Menschen berufen könnte, die sich zu diesem Glauben bekennen. Das wäre immerhin fast ein Drittel der gesamten Menschheit. Man könnte sich auch einen Wechsel zwischen dem Papst und dem Präsidenten des Weltkirchenrates vorstellen.

Zukunftsmusik? Irgendwann wird man diese Musik spielen müssen. Heute wird die Welt von starken antichristlichen und unmoralischen Kräften beherrscht. Die Kirchen leisten dagegen keinen nennenswerten Widerstand. Sie sind entweder mit Inzuchtfragen organisatorischer Art wie etwa der Neustrukturierung von Großgemeinden beschäftigt, oder sie konzentrieren sich auf unnötige Fragen wie die Sexualmoral, statt auf ihre universale und biblische Pflicht, denen zu helfen, die in Not sind.

Der Islam als eine weitere große Weltreligion fällt als moralische Kraft aus, weil in seinem Namen schon seit Jahren die schlimmsten und grauenhaftesten Menschenrechtsverletzungen und Verbrechen begangen werden. Der Islam leistet auch keinen irgendwie gearteten Beitrag zu einer Verbesserung der ökonomischen Situation. Er entwickelt keine Theorien, die zeigen, wie die Ordnung der Welt aussehen könnte, abgesehen von den mittelalterlichen Vorstellungen einer Diktatur der Scharia, die eine Reihe von fanatisierten muslimischen Führern vor allem in dem neugeschaffenen Kalifenstaat IS durchsetzen wollen.

Was kann sofort verändert werden?

Zunächst muss die Hierarchisierung in der katholischen Kirche gestoppt und abgebaut werden. Die Skandale um die Missbrauchsfälle und die Piusbrüder konnten nur entstehen, weil es um den Papst immer einsamer geworden war und er isoliert wurde. Statt ehrlicher Berichterstattung erhielt er nur gefilterte Informationen.

Die Reform der Kongregation und der Kurie ist von Franziskus eingeleitet, die Kurie in wichtigen Fragen entmachtet worden. Das von der katholischen Soziallehre entwickelte Subsidiaritätsprinzip sollte auch für die Struktur der Kirche gelten, die erst nach dem Trienter Konzil, auf dem es noch ziemlich kunterbunt zuging, immer weiter zentralisiert und hierarchisiert (Höhepunkt Pius XII.) wurde. Das kann man von Luther lernen: Subsidiarität heißt, so viel wie möglich auf der

Pfarrebene entscheiden, dann erst Dekanat, Kirchenleitung oder Diözese, Bischof oder Kirchenpräsident hinzuziehen und ganz am Schluss Rom.

Gemischt-konfessionelle Kulturen haben andere Probleme als rein katholische oder evangelische Milieus. Die hier mit Ehe, Scheidung und Wiederverheiratung entstehenden Probleme sollten dezentral und nicht in Rom entschieden werden. Die Pfarrer oder Bischöfe vor Ort wissen über die pastoralen Probleme und Aufgaben besser Bescheid als ein italienischer Kurienrat im Vatikan. Die Ortskirchen, also die Bistümer, müssen in der katholischen Kirche die wichtigsten Kompetenzen haben. Die Bischöfe sind nicht die Oberministranten des Papstes. Sie sind Nachfolger der Apostel und haben ihre eigene Würde.

Die evangelische Kirche ist von Natur aus besser konstruiert. Ob man für alle kirchlichen Aufgaben auch ein Weiheamt braucht, ist für sie kein Thema. Für die katholische Kirche lautet die Antwort: mehr Professionalisierung statt Klerikalisierung. Generalvikare, Kardinäle, Leiter von Kongregationen müssen nicht Priester sein. Sie müssen endlich auch Frauen sein können. Hadrian VI. nannte vor 500 Jahren die Kirche eine »sponsa deformata«, eine entstellte Frau, aus der eine »sponsa reformata« werden müsse. Das ist nicht die geringste Voraussetzung für eine Einheit der beiden Kirchen.

Zusammenlegung von Caritas und Diakonie

Wenn man es mit der Ökumene ernst meinte, dann müsste man eigentlich dort beginnen, wo es am selbstverständlichsten ist, nämlich bei Caritas und Diakonie, weil dort überhaupt keine prinzipiellen theologischen Differenzen möglich sind. Es wäre in Deutschland für die Präsenz der beiden Kirchen, aber auch für die politische Realisierung ihrer diakonisch-caritativen Vorstellungen dringend notwendig, dass sich Caritas und Diakonie zu einer einheitlichen Organisation zusammenschlössen. Es sind aber keine Anzeichen für eine Bewegung in diese Richtung erkennbar. Diese Spaltung in der Spitze des diakonisch-caritativen Bereichs führt z. B. dazu, dass in den Medien und den öffentlichen politischen Diskussionen, etwa in Talkshows oder Hearings, die beiden Organisationen entweder getrennt oder, was meistens der Fall ist, überhaupt nicht auftreten. Denn die öffentlich-rechtlichen Rundfunkanstalten können nicht bei jeder Gesprächsrunde je einen Vertreter der Caritas und der Diakonie einladen, wenn es etwa um die Pflegereform geht, da die Teilnehmerzahl an solchen Veranstaltungen naturgemäß begrenzt ist. Die beiden Organisationen einigen sich aber nicht auf eine gemeinsame mediale Vertretung. So kommt es, dass für den diakonisch-caritativen Bereich auch in der Deutschen Sozialversicherung ständig der Vertreter des Paritätischen Wohlfahrtsverbandes eingeladen wird, der diese Bühne gerne nutzt.

Der Paritätische Wohlfahrtsverband – in Ehren – ist aber die kleinste soziale Organisation, die es im gemeinnützigen Bereich gibt. Doch da die beiden Kirchen nicht in der Lage sind, sich in diesem Punkt abzustimmen und zusammenzuschließen, überlassen sie das mediale Feld einer nicht repräsentativen Organisation – ein klassisches Beispiel für die mediale Unfähigkeit der Kirchen im modernen Medienzeitalter.

Man kann sich lebhaft vorstellen, was in einer Talkshow los wäre, wenn Martin Luther zu einer solchen Diskussion eingeladen wäre. Aber die Kirchen verfügen über keine Persönlichkeit, die ihre Auffassung so medienwirksam vertritt wie Luther seine Meinung vor 500 Jahren.

Absetzbewegungen

Sogar Absetzbewegungen machen sich bemerkbar. Am deutlichsten ist dies bei den Einrichtungen erkennbar, die schon ökumenisch organisiert sind, z. B. die 34 Sozialstationen in der Pfalz mit Hunderten von ehrenamtlichen Kräften und über 2000 Krankenschwestern und Krankenpflegern. Ihre Mitglieder sind die evangelischen und katholischen Kirchengemeinden und fast ebenso viele Krankenpflegevereine. Für die Verhandlungen mit den Kassen wäre es sinnvoll, sie schlössen sich auf Diözesan- und Landeskirchenebene ebenfalls zu einer ökumenischen Vereinigung zusammen. Dies wird systematisch vor allem von der katholischen Seite verhindert. Es gibt zwar eine Arbeitsgemeinschaft, aber nicht aller Sozialstationen, sondern nur für die Sozialstationen von Diakonie und Caritas. Und die hat nicht die Ökumene zum Ziel – im Gegenteil: Die ökumenischen Sozialstationen sollen verpflichtet werden, sich auf höherer Ebene »spitzenverbandlich« zuzuordnen, entweder zur Caritas oder Diakonie, d. h. was unten ökumenisch ist, soll oben wieder konfessionalisiert werden. Die Verantwortlichen, Generalvikar, Caritasdirektor, Domkapitular und Oberkirchenräte denken nicht evangelisch, nicht katholisch, nicht apostolisch, sie denken kirchenrechtlich bürokratisch, auf keinen Fall ökumenisch. Man will den personalrechtlichen Durchgriff behalten gegenüber Mitarbeitern und vor allem Mitarbeiterinnen, die nicht gemäß den Moralvorstellungen der katholischen Kirche leben, also geschieden und wiederverheiratet sind oder ohne Trauschein zusammenleben, am schlimmsten als Schwule oder Lesben.

Dies ist nur ein Beispiel dafür, dass die Ökumene zwar theologisch gesehen kein Problem mehr sein dürfte, in der Praxis aber noch nicht einmal zwischen Caritas und Diakonie funktioniert.

Ökumenische Gottesdienste

Erfreulicherweise hat sich wenigstens überall der Gedanke des ökumenischen Gottesdienstes durchgesetzt. Da der Besuch der katholischen Messe aber zur Sonntagspflicht des katholischen Christen gehört, deren Verletzung als schwere Sünde im Kirchenrecht definiert wird, können ökumenische Gottesdienste in der Regel sonntags nur ab 11.00 Uhr vormittags oder nachmittags stattfinden, weil eben die Katholiken zunächst mal ihre Messe feiern müssen. Auf der anderen Seite ist es gerade Leuten, die sonntags noch die Heilige Messe besuchen, schwer beizubringen, dass ebendiese Messe wegen eines ökumenischen Gottesdienstes ausfallen müsste. Eine Möglichkeit der Lösung bestünde im gegenseitigen Gottesdienstbesuch. Für die Evangelischen ist dies kein Problem, aber umgekehrt eben für die Katholiken, die einen evangelischen Gottesdienst genauso wenig für eine Erfüllung ihrer Sonntagspflicht ansehen dürfen wie den Besuch eines rein ökumenischen Gottesdienstes. Nun steht nirgends in der Heiligen Schrift geschrieben, auch nicht in den Paulus- und sonstigen Briefen, dass die Sonntagspflicht nur durch den Besuch einer Heiligen Messe erfüllt werden könne. Dafür steht es im »Codex Iuris Canonici«, der genau weiß, woher auch immer, wann und wo der katholische Mensch sonntags eine schwere Sünde begeht und wann und wo nicht. Ob ein evangelischer Wortgottesdienst auch von Katholiken als gleichwertig angesehen werden kann, müsste der örtliche Bischof entscheiden, der dafür auch eine Vollmacht durch das II. Vatikanische Konzil bekommen hat. Eine solche Lösung bietet sich schon deswegen an, weil wegen des Priestermangels in vielen bisherigen Pfarrgemeinden gar nicht mehr regelmäßig die katholische Messe gefeiert werden kann. Es ist auch verschiedentlich vorgeschlagen worden, den Pfingstmontag, der über lange Zeit hindurch kein Pflichtfeiertag für katholische Christen gewesen ist, durch bischöfliche Entscheidung zu einem zentralen Jahresfest des ökumenischen Gottesdienstes zu machen. Auch hier ist man über Gedankengänge nicht hinausgekommen.

Anerkennung der Taufe

Eine wahrhaft revolutionäre ökumenische Entscheidung mit weitreichenden Folgen, wenn man sie ernst nähme, fällte das II. Vatikanische Konzil, indem es die diskriminierende Lehrmeinung Pius XII. in seiner Enzyklika »Mystici corporis« von 1943 aufgehoben hat, der zufolge diejenigen, die sich weigerten, auf die katholische Kirche zu hören, nach dem Gebot des Herrn als »Heiden und öffentliche Sünder« betrachtet werden müssten. Ihnen bliebe nur die Heimkehr in die katholische Kirche, wenn sie gerettet werden wollten. In dem 1964 verabschiedeten Dekret »Unitatis redintegratio« des II. Vatikanischen Konzils ist eine grundlegende theologische Wende der katholischen Kirche beschlossen worden. Es heißt dort: Die Taufe begründet ein sakramentales Band der Einheit zwischen allen, die getauft sind. Auch evangelische Christen sind »durch den Glauben in der Taufe gerechtfertigt und Christus eingegliedert, darum gebührt ihnen der Ehrenname des Christen, und mit Recht werden sie von den Söhnen der katholischen Kirche als Brüder im Herrn anerkannt«.[23] Das ist eine fundamentale Änderung und Neuerung. Katholische und evangelische Kirche anerkennen gegenseitig die Taufe. Wer die Kirche wechselt, muss nicht länger erneut getauft werden. Daraus müsste sich eigentlich eine Reihe von praktischen und theologischen Konsequenzen ergeben, z. B. sollten Taufpaten einer anderen christlichen Konfession angehören können als das getaufte Kind, weil schließlich alle Mitglieder der einen Christengemeinschaft sind.

Abendmahlsgemeinschaft

Diese gegenseitige Anerkennung der Taufe müsste auch den Schlüssel bilden für die höchst umstrittene und bisher ungelöste Frage der Abendmahlsgemeinschaft. Die katholische Kirche lehnt den Empfang der Kommunion durch evangelische Christen grundsätzlich ab, ermöglicht aber Ausnahmen in bestimmten Notfällen. Umgekehrt ist es den katholischen Christen grundsätzlich und ohne jede Ausnahme verboten, am Abendmahl in einer evangelischen Kirche teilzunehmen. Die katholische Kirche blockiert bisher alle Änderungen, so dass das Abendmahl im Leben der Christen zu einem Symbol ihrer Trennung wird. Die Spaltung der Kirche und der Gemeinden wird hier überdeutlich, und die Spaltung geht durch ganze Familien. Dies gilt insbesondere bei den sogenannten Mischehen. Die katholische Kirche befindet sich dabei in einem zweifachen Widerspruch. Erstens ist das Abendmahl kein Geschenk der Kirche, sondern eine Einladung im Namen von Jesus Christus, der im Übrigen nicht nur seine Jünger, sondern auch Zöllner und Sünder zu sich zu Tisch gebeten hat und der tagelang bei den von den Juden verachteten Samaritern zu Gast war. Der katholische Bibelwissenschaftler Joachim Kügler sagt deshalb zu Recht, dass es »Hochmut auf Seiten der Kirchen (ist), wenn sie meinen, sie könnten zulassen und ausschließen. Es ist nicht ihr Mahl, sondern das Mahl des Herrn, das Mahl Jesu. Seine Einladung einzuschränken ist frevelhaft.«[24] Wenn Christen beider Konfessionen per definitionem tatsächlich beide auch Christen sind (siehe II. Vatikanisches Konzil), sich zusammentun und gemeinsam das Abendmahl einnehmen wollen, dann geschieht dies auf dem Fundament der gemeinsamen Taufe, und Jesus »ist mitten unter ihnen«. Zweitens ist nach Auffassung der katholischen Kirche die Ehe ebenfalls ein Sakrament. Dies gilt auch für eine konfessionsverbindende sogenannte Mischehe. So bilden Mann und Frau nach Auffassung der Kirche eine eigene Hauskirche »zu zweit«, aber gleichzeitig verbietet dieselbe Kirche dieser Hauskirche das Sakrament des Abendmahls.

Absurde Ereignisse

Dieser kirchenrechtliche Dogmatismus führt in der Praxis zu absurden Ergebnissen. Bei jedem Erntedankfest versammeln sich in dem pfälzischen Winzerdorf Gleisweiler die Kirchgänger beider Konfessionen auf dem Kirchplatz, der zwischen den beiden Kirchen liegt. Nach einer Viertelstunde gemeinsamen Gesprächs und gemeinsamer Musik beginnt der Gottesdienst. Aber zum Staunen der Zuschauer aus der benachbarten Klinik bewegen sich die Evangelischen in die eine Richtung und die Katholiken in die andere. Sie feiern den Gottesdienst getrennt. In den Augen kirchenferner Menschen machen sich die Kirchen dadurch lächerlich. Bei der Hochzeit meines ältesten Sohnes ergab sich folgende Konstellation: Der Bräutigam war katholisch, die Ehefrau Französin und evangelisch. Der Vater der Braut war katholisch, die Mutter der Braut evangelisch. Der Vater des Bräutigams war katholisch, die Mutter des Bräutigams evangelisch. Wenn man die katholische Kirche ernst nehmen würde, dann führte dies an der Kommunionbank zu einem heillosen Durcheinander. Da mein Sohn katholisch geheiratet hat, hätte bei der Hochzeitsmesse entweder keiner die Kommunion empfangen können oder nur die Hälfte der Verwandtschaft, die andere Hälfte wäre ausgesperrt worden. Die einfache und auch richtige Lösung bestand darin, dass alle zum Abendmahl gingen, egal ob katholisch oder evangelisch. Das heißt, die Leute haben das getan, was Jesus auch empfohlen hätte.

Irgendwann habe ich in einem meiner vielen Bücher über Luther gelesen, er habe auf dem Sterbebett in Eisleben noch die Heilige Kommunion empfangen. Ich habe die entsprechende Stelle nicht mehr gefunden. Aber es ist ihm zuzutrauen.

Laien- contra Priesterkirche

Diese konkreten Schwierigkeiten fußen in dem unterschiedlichen Amts- und Kirchenverständnis der beiden Konfessionen. In der Confessio Augustana, der Bekenntnisschrift der lutherischen Reichsstände von 1530, heißt es: »*Es wird auch gelehrt, dass allezeit müsse eine heilige, christliche Kirche sein und bleiben muss, die die Versammlung aller Gläubigen ist, bei denen das Evangelium rein gepredigt und die heiligen Sakramente laut dem Evangelium gereicht werden.*«[25] Also eine Versammlung von Menschen, die an Gott glauben. Die evangelische Kirche bildet sich von der Basis her. Ohne den Glauben des einzelnen Menschen gibt es keine Kirche. Natürlich braucht auch eine solche Gemeinschaft eine Organisationsstruktur und einen ihr zugrunde liegenden Inhalt. Dafür reicht aber aus, dass in dieser Gemeinschaft das Wort Gottes gepredigt wird. Und deswegen gibt es dort auch nur ein Amt, nämlich den Prediger, ein Amt, das im Grunde genommen von jedem Gläubigen übernommen werden kann, natürlich unter bestimmten persönlichen Voraussetzungen.

Die katholische Kirche dagegen ist eine Ordnung von oben. Christus als Herr der Kirche müsse auch irdisch einen Vertreter haben. Das ist der Papst. Diese Kirche sei Werkzeug Gottes, um allen Geschöpfen das Evangelium zu verkündigen. Sie wirke durch den Heiligen Geist und sei deshalb im Besitz der ganzen Wahrheit und aller Heilsmittel. Die wahre Lehre ergebe sich aus der schriftlichen und der mündlichen Überlieferung. Wenn sich Diskrepanzen auftun, legt das hirtliche Lehramt diese Überlieferungen im Geiste der Offenbarung aus. Da die Kirche als Heilmittel für die Menschen wirken soll, braucht sie eine bestimmte Ordnung. Dabei unterscheidet sie zwischen den gläubigen Laien – den Schafen – und dem Klerus, dem durch Christus das Amt des Hirten verliehen wurde. Dieses Hirtenamt der geistlichen Würdenträger ist dreigeteilt. An der Spitze findet sich der Bischof, der als Nachfolger der Apostel gilt. Durch eine ununterbrochene Kette von Handauflegungen steht er in einer Reihe mit den Aposteln – so die Behauptung der Kirche. Theoretisch sagen die Bischöfe heute also dasselbe, was auch Jesus und seine Jünger verkündet haben. In den Augen der katholischen Kirche hat die evangelische Kirche einen Defekt, nämlich keine apostolische Sukzession, und deshalb könne sie auch das Abendmahl nicht richtig feiern, weil nur geweihte Amtsträger dazu in der Lage sind. Darum genießt die Priesterweihe den Status eines Sakramentes in der katholischen Kirche.

Liebe und Barmherzigkeit

Wie kann man aber trotz dieses unterschiedlichen Selbstverständnisses der evangelischen und der katholischen Kirche weiter auf dem Weg der Ökumene voranschreiten? Dafür ist eine grundsätzliche Erkenntnis, die beide Kirchen gemeinsam haben, von großer Bedeutung. In der evangelischen Theologie ist die Einsicht weit verbreitet, dass nicht alles, was in der Kirche gelehrt wird, gleich wichtig ist. Es gibt Fundamentalartikel, also zentrale Glaubenssätze wie etwa den Glauben an den dreieinigen Gott, die man nur mit Gefahr für die eigene Seligkeit ignorieren kann. Es gibt aber auch Glaubenslehren, die man gar nicht kennen muss. Sehr früh haben die Protestanten vorgeschlagen, als entscheidende Lehren nur diejenigen anzuerkennen, die im apostolischen Glaubensbekenntnis vorhanden sind. In der katholischen Kirche kennt man die Lehre von der Hierarchie der Wahrheiten. In dem ökumenischen Dekret des II. Vatikanischen Konzils heißt es: »Beim Vergleich der Lehren miteinander soll man nicht vergessen, dass es eine Rangordnung oder ›Hierarchie‹ der Wahrheiten innerhalb der katholischen Lehre gibt.«[26] Papst Johannes XXIII. erklärte zu Beginn des II. Vatikanischen Konzils: »Es gelte im Notwendigen Einheit, im Zweifel Freiheit, und in allem die Liebe.«[27] Papst Franziskus entwickelte in einem Interview denselben Gedanken: »Die Lehren der Kirche – dogmatische wie moralische – sind nicht alle gleichwertig. ... Es gibt zweitrangige kirchliche Normen und

Vorschriften, die früher einmal effizient waren, die aber jetzt ihren Wert und ihre Bedeutung verloren haben. Die Sicht der Kirche als Monolith, der ohne jeden Abstrich verteidigt werden muss, ist ein Irrtum.«[28] Und in seiner ersten Sonntagspredigt nach der Wahl sagte er: »Die Botschaft Jesu ist ... Barmherzigkeit. Für mich ... ist das die stärkste Botschaft des Herrn.«[29] In seinem ersten Angelusgebet führte er das aus und verkündete den Menschenmassen auf dem Petersplatz: »Wir hören (von Jesus) keine Worte der Verachtung, wir hören keine Worte der Verdammung, sondern nur Worte der Liebe, der Barmherzigkeit, die zur Umkehr auffordern. ›Auch ich verurteile dich nicht. Geh und sündige von jetzt an nicht mehr!‹« Das Wort »Barmherzigkeit« ändere alles: »Es ist das Beste, was wir hören können: es ändert die Welt. Ein wenig Barmherzigkeit macht die Welt weniger kalt und viel gerechter.«[30]

Nicht Wahrheit, sondern Liebe und Barmherzigkeit sind also für Franziskus »die stärkste Botschaft des Herrn«. Wenn sich die Evangelischen mit diesem Papst verständigen, könnten wir nach 500 Jahren Reformation 2017 erstmals ein ökumenisches Fest feiern. Die Einheit der beiden Kirchen liegt ja nicht nur abholbereit auf dem kirchenhistorischen Tisch, weil sich Luther und Franziskus in ihrer Beurteilung des byzantinisch päpstlichen Brimboriums heute die Hand reichen könnten, sondern weil auch, wie wir gesehen haben, die wichtigen theologischen Differenzen weitgehend ausgeräumt sind.

Doch wenn man jemandem nicht trauen kann, dann sind es die Theologen. Sie bauen ihre eigenen Kirchtürme und sind nur schwer zu bewegen, wieder herunterzukommen. Aber eigentlich ist es so: Die Hindernisse, die von beiden Seiten noch aufgebaut werden können, sind, wie die Kenner von Achterbahnen sagen, »Bunny-Hops«, Kaninchensprünge vielleicht des Kardinals Gerhard Müller mit seiner Glaubenskongregation und seinen ultrakonservativen Gesinnungsfreunden, aber auch mancher evangelischer Theologen, die ihre eigenen dogmatischen Erkenntnisse nicht oder nur teilweise in der 2013 von beiden Kirchen verabschiedeten »Gemeinsamen Erklärung« wiederfinden können. Ich glaube jedoch, dass man den Zug zur Einheit allenfalls bremsen, aber nicht aufhalten kann.

Epilog

Ich habe am Anfang gesagt, dass ich Luther durch das Schreiben dieses Buches näher kennenlernen wolle, sozusagen *learning by doing*, und gefragt, ob man ihn, genauer seine Theologie, auf eine Weise darstellen könne, die auch Laien und Andersgläubige verstünden. Ich kann mir jetzt ein Bild von ihm machen, aber es ist zwielichtig. Ob ich seine Lehre so erklärt habe, dass die Leute wenigstens kapieren, was er meinte – ich kann es nur hoffen. Und ich habe zu Beginn auch vermutet, dass er ein ganz Großer gewesen sein müsse. Meine Vermutung war richtig: Er war ein ganz Großer – im Guten, aber eben auch im Schlechten.

Ich möchte es noch einmal wiederholen: Luthers Theologie war eine radikale Emanzipation von der Kirche als Gnadenvermittlerin, eine Emanzipation von den damaligen Glaubenshütern im Vatikan, eine Emanzipation von den Vermittlern, von Priestern, Bischöfen und Päpsten. Sie war eine Unabhängigkeitserklärung von der Kurie und der Inquisition. – Aber auch von der Dogmenhuberei der damaligen Theologie.

Das Große und Befreiende an Luthers Lehre war für ihn: Er steht nicht mehr dem rächenden, richtenden, zornigen Gott gegenüber, sondern in Christus dem gnädigen und gütigen Gott.

Der Mensch ist befreit von den Sündenverstrickungen einer skrupulösen Gewissenserforschung, den Fegefeuerinszenierungen und dem Höllenszenarium der damaligen kirchlichen Lehre.

Wichtige Teile der katholischen Theologie hat Luther zerstört: Der Mensch steht unmittelbar Gott gegenüber, er braucht keine Vermittlung mehr – die Priesterkirche ist abgeschafft. Jeder Getaufte ist ein Priester.

Er hat seine Theologie durchgesetzt gegen den unfehlbaren Wahrheitsanspruch der Kurie, hat den Dogmentempel der katholischen Kirche zu großen Teilen zum Einsturz gebracht, dadurch das mittelalterliche Weltbild zerstört und mit Hilfe von Wort und Schrift den Weg freigemacht für das neuzeitliche Denken, einen Weg, den er allerdings gegenüber Andersdenkenden schon nach wenigen Jahren selber wieder verlassen hat.

Er hat den Zölibat beseitigt und ein neues, moderneres Bild der Frau, vor allem der Ehefrau, geschaffen und die Sexualität des Menschen als Geschenk Gottes anerkannt.

Er hat Jesus (Christus) aus den erstarrten Denkfabriken der aristotelischen Scholastik und den Fängen der Ablassfinanzindustrie und dem damaligen Sündenbabel der vatikanischen Kurie herausgeholt und ihn den Menschen überlebensgroß gezeigt: Jesus als Erlöser.

Aber bevor wir noch einmal anhören oder akzeptieren, was er zu der heutigen Situation der Welt und der Christenheit aus seiner Lebens- und Welterfahrung heraus sagen müsste, sollte er erst sich selber revidieren.

Das Reformationsfest 2017 läuft Gefahr zu scheitern, wenn die beiden Kirchen nicht die Behauptung der Rechtfertigungslehre aus der Welt schaffen, dass jeder Mensch von Sokrates über Mozart bis Albert Schweitzer ein Haufen Sündendreck sei, der ihm durch den Geschlechtsverkehr seiner Eltern vererbt worden ist, und er ausschließlich und allein durch die Gnade gerettet werden könne.

Luther müsste Abschied nehmen von der von Augustinus aufgrund eines Übersetzungsfehlers im Römerbrief des Paulus erfundenen, ans Lächerliche grenzenden Erbsündenlehre. Die Kirchen müssen diese Irrtümer aus der Welt schaffen, wenn sie wollen, dass wieder mehr Menschen an Gott und Christus glauben.

Er müsste die Bergpredigt und die Nächstenliebe als eine der Gottesliebe gleichwertige Botschaft des Evangeliums verkünden, was er vor 500 Jahren vergessen, jedenfalls unterlassen hat. Und er müsste anerkennen, dass jeder Mensch eine von Rasse, Nation, Religion, Geschlecht unabhängige und unantastbare eigene Würde hat – das große Signum schon der Frühkirche gegenüber der römisch-hellenistischen Welt. Deswegen müsste Luther sich ausdrücklich identifizieren mit der Entschuldigung, die die evangelische Kirche stellvertretend für ihn den Juden gegenüber für seine unsägliche Schrift »Von den Juden und ihren Lügen« ausgesprochen hat. Dasselbe gilt für seine Pamphlete gegen Ritter, Bauern, Schwärmer, Täufer und Zigeuner, also für die dunklen Tiefen seines Lebens.

Er müsste, auch ohne ökumenischen Zwang, den Verbalradikalismus gegen das Papsttum zurücknehmen und bedauern. Er müsste der katholischen Kirche noch einmal klar sagen, hierin unterstützt von den meisten katholischen Theologen und der überwiegenden Mehrheit des katholischen Kirchenvolkes, dass der Absolutheitsanspruch der Päpste keine biblische Grundlage hat und zurückgenommen werden muss. Doch diese Frage, die schwierigste ökumenische Frage, kann erst am Ende des Einigungsprozesses beantwortet werden.

Er müsste Verständnis haben für diejenigen, die sich angesichts der Aporie der Theodizee, also der Frage der Unvereinbarkeit von Gottes Allmacht und Güte mit dem Leiden und der Not auf der Welt, nicht abfinden lassen mit Sprüchen vom Mysterium des »Deus absconditus« und ähnlichen Ausreden, sondern einfach nicht mehr glauben können oder noch nie geglaubt haben, aber vielleicht Hoffnung und vor allem die Liebe behalten wollen. Er dürfte diese »Ungläubigen« nicht als Sünder verdammen und müsste die innere Stärke haben, den Atheisten das zu sagen, was Papst Franziskus ihnen gleich am Anfang zugerufen hat: »Tut Gutes, dann haben wir etwas gemeinsam.«[1]

Durch diese Revisionen gewänne Luther die Autorität, den Kirchen, im Grunde genommen allen Menschen, das mitzuteilen, was heute aus seiner Sicht zu tun ist.

Luther müsste zunächst beiden Kirchen sagen: Macht nicht die Fehler, die wir vor 500 Jahren gemacht haben. Verweigert keine Diskussion und begegnet euch auf Augenhöhe. Und denkt an die gemeinsame Erkenntnis, dass es eine Hierarchie der Werte gibt.

Seine Botschaft müsste heute lauten: Die Spaltung von damals ist inzwischen nicht nur überflüssig, sondern auch verantwortungslos. Die Weltöffentlichkeit wird von antichristlichen und unmoralischen Kräften beherrscht. Er müsste die Kirchen fragen: Warum leistet ihr keinen Widerstand, wie ich ihn gegen Rom entwickelt habe? Angesichts der Bewusstseinsveränderung in der Gesellschaft (»Geiz ist geil«), der Gefahren der totalen Digitalisierung, der Vorherrschaft der Kapitalinteressen, einer »Wirtschaft, die tötet« (Papst Franziskus) und der daraus folgenden Ökonomisierung aller Lebensbereiche, der grassierenden Armut und der gleichzeitigen fortschreitenden Radikalisierung sowie der Schwäche der anderen Weltreligionen, warten zwei Milliarden Christen – fast ein Drittel der Menschheit! – darauf, dass ihre Kirchen sich endlich einigen, dass sie das Konzept einer humanen und besseren Weltordnung entwerfen und mit Hilfe der Politik auch durchsetzen, so wie dies bei der Sozialen Marktwirtschaft vor 60 Jahren der Fall war.

Luther, für den das Wort der Schrift die alles entscheidende Devise war, müsste die Kirchen auffordern, sich an diesem Wort zu orientieren und damit an Jesus, der Tag für Tag gegen die damaligen Mächtigen an der Seite der einfachen Menschen, der Schwächeren, der Armen, der Kranken, der Behinderten und vor allem auch an der Seite der diskriminierten Frauen stand.

Die Kirchen müssen aufhören, fast wie gelähmt den rasenden Prozessen in der politischen, ökonomischen und wissenschaftlichen Welt zuzuschauen und sich mit Inzuchtfragen organisatorischer Art wie etwa der Neustrukturierung von Großgemeinden zu beschäftigen oder sich auf unnötige Fragen der Sexualmoral zu konzentrieren.

Um ihrer Verantwortung gerecht zu werden, muss der Prozess der Einheit von den Kirchen beschleunigt werden.

Was haben die Christen schon jetzt gemeinsam? – Das Nicänische Glaubensbekenntnis, die eine Taufe, den Primat der Schrift, echte Volksgottesdienste ohne Klerikersprache, Volkssprache und Laienkelch; außerdem sind

tische Vorstellungen über theologische Inhalte erlaubt, aber in erster Linie die Formulierung gemeinsamer Ziele und deren Vertretung nach außen ermöglichen soll.

Luther müsste der katholischen Kirche ins Gewissen reden, nach 500 Jahren guter Erfahrung und biblisch wohlbegründet, Frauen endlich zu den Ämtern, auch den Weiheämtern, zuzulassen.

Das Papsttum und sein Absolutheitsanspruch bleiben die Hauptschwierigkeit für die ökumenische Verständigung. Hans Küng zufolge könnte ein Konsens erzielt werden, wenn »der päpstliche Primat weniger als Ehren- oder Jurisdiktionsprimat denn vielmehr als Pastoral- und Seelsorgeprimat im Dienst an der Einheit der Gesamtkirche verstanden wird; [und wenn] die päpstliche Unfehlbarkeit als Zeugnis- und Verkündigungsaufgabe im Dienst an ... der ›Unzerstörbarkeit‹ der Kirche in der Wahrheit trotz aller Irrtümer im Detail verstanden wird«.[2] Selbst dies sich vorzustellen ist sehr schwierig.

Auf der katholischen Seite stehen im Vordergrund eine Reform der Organisation der Kurie, die Verwirklichung des Subsidiaritätsprinzips, die Aufhebung des Zölibats und – als erste Stufe einer neuen Frauenpolitik – die Zulassung von Frauen für hohe Ämter wie Generalvikare, Kardinäle, für die eine Weihe nicht notwendig ist, und die Leitung von Kongregationen.

Dies alles in Gang zu setzen und zu realisieren ist eine gigantische Aufgabe, die natürlich nicht in zwei Jahren erledigt werden kann. Aber bis 2017 können die genannten inhaltlichen Fragen geklärt und erste Schritte beschlossen werden. Dann können Evangelische und Katholiken auch gemeinsam das Fest begehen.

Als Luther am 18. Februar 1546 im Alter von 62 Jahren starb, trauerten in Deutschland, aber auch in weiten Teilen Europas viele Menschen um einen großen und bedeutenden Mann. Christian III. von Dänemark sagte: »Wir haben bisher zwei große Regenten gehabt, vor welchen wir mussten billig innehalten, im geistlichen Regiment den Luther, im weltlichen den Kaiser.«[3] Der Kaiser und der Reformator galten als die zwei bedeutendsten Autoritäten der Zeit. Karl V. besetzte nach seinem Sieg über den Kurfürsten Johann Friedrich im Schmalkaldischen Krieg auch die Universitätsstadt Wittenberg und ließ sich Luthers Grab zeigen. Er betrachtete es, so wird berichtet, mit Ehrfurcht und sorgte dafür, dass es nicht angetastet wurde.

Es steht noch immer in dieser sachsen-anhaltinischen Stadt. Luthers Geist aber ist auch 500 Jahre später auf der ganzen Welt gegenwärtig.

Anmerkungen

Ich freue mich darüber, dass auch dieses Buch wieder im Ullstein Verlag erscheinen kann, wie immer gut betreut von Julia Kühn (Lektorat) und Carla Swiderski (Dokumentation).

In besonderer Weise bedanke ich mich bei Rita Pudelko, meiner Büroleiterin, für ihre Hilfe beim Beschaffen der Literatur, für das inhaltliche Sichten der Texte und die Herstellung des mehrfach überarbeiteten Manuskripts. Ohne ihre ausdauernde und kritische Mitarbeit hätte ich das Buch nicht schreiben können.

Einzelne Passagen zitieren aus bereits erschienenen Büchern von mir: »Was würde Jesus heute sagen?« (Rowohlt Berlin, Berlin 2003), »Ou Topos« (Kiepenheuer & Witsch, Köln 2009) und »Sapere aude!« (Ullstein, Berlin 2012); Abdruck mit freundlicher Genehmigung der Verlage.

Die Darstellung von Luthers Leben speist sich aus der informativen Lektüre der Biographien über Martin Luther von Martin Brecht (»Martin Luther – 3 Bände«, unveränderte Sonderausgabe 2013, Calwer Verlag GmbH, Stuttgart, zuerst erschienen 1981–1987) und Heinz Schilling (»Martin Luther. Rebell in einer Zeit des Umbruchs«, C.H. Beck Verlag, München 2014); die historische Darstellung der Reformation folgt daneben auch Diarmaid MacCulloch (»Die Reformation. 1490–1700«, dtv, München 2010) – mein Dank gilt den Autoren und Verlagen für die Genehmigung der Zitate.

Die Zitate aus den Originalschriften von Martin Luther habe ich teils modernisiert und an unsere heutige Sprache angepasst oder gegebenenfalls aus dem Lateinischen ins Deutsche übersetzt.

Das Zitat auf Seite 59 ist dem Roman »Nemesis« von Philip Roth entnommen, aus dem Amerikanischen übersetzt von Dirk van Gunsteren, erschienen im Carl Hanser Verlag, München 2011; Abdruck mit freundlicher Genehmigung des Verlags und des Autors.

Zu Kapitel I:

1 Tischrede 3566 A, in: Luther, Martin: D. Martin Luthers Werke. Kritische Gesamtausgabe. Tischreden, Bd. 1–6, Weimar: Hermann Böhlau, 1912–1921 (= WA TR), hier Bd. 3, S. 415 f. Bei Zitaten aus der Weimarer Ausgabe wurden leichte Modernisierungen zum besseren Verständnis vorgenommen, ggf. wurden lateinische Sätze ins Deutsche übertragen.

2 Vgl. Brecht, Martin: Martin Luther. 3 Bände, unveränderte Sonderausgabe, hier Band 1: Sein Weg zur Reformation 1482–1521. Stuttgart: Calwer Verlag, 2013, S. 18.

3 Vgl. ebd., S. 19 und Luther, Martin: D. Martin Luthers Werke. Kritische Gesamtausgabe. Briefwechsel, Bd. 1–15, Weimar: Hermann Böhlau, 1930–1978 (= WA B), hier Bd. 5, S. 351 f.

4 WA TR 3, 3566 A, S. 416.

5 Brecht, Martin: Martin Luther. 3 Bände, unveränderte Sonderausgabe, hier Band 3: Die Erhaltung der Kirche 1532–1546. Stuttgart: Calwer Verlag, 2013, S. 236 f.

6 WA TR 5, 5571, S. 254.

7 Luther, Martin: D. Martin Luthers Werke. Kritische Gesamtausgabe, Bd. 1–58, Weimar: Hermann Böhlau, 1883 ff. (= WA), hier Bd. 15, S. 46,7 ff.

Zu Kapitel II:

1 WA B 1, 543, S. 105 ff.

2 WA TR 4, 4414, S. 303 f.

3 Vgl. Geißler, Heiner: Ou Topos. Suche nach dem Ort, den es geben müsste, Köln: Kiepenheuer & Witsch, 2009, S. 31.

4 Vgl. Schilling, Heinz: Martin Luther. Rebell in einer Zeit des Umbruchs. München: C.H. Beck, 2014, S. 89 f.

5 Vgl. Katholische Beichtspiegel.

6 Vgl. Brecht: Martin Luther, Bd. 1, S. 75 f.; WA TR 6, 6669, S. 107.

7 Vgl. ebd., S. 78 f.

8 Vgl. ebd., S. 81.

9 Vgl. ebd., S. 72 f.

10 WA 45, S. 482, 15 f.

11 MacCulloch: Die Reformation, S. 160.

12 Vgl. Brecht, Martin: Martin Luther. 3 Bände, unveränderte Sonderausgabe, hier Band 2: Ordnung und Abgrenzung der Reformation 1521–1532. Stuttgart: Calwer Verlag, 2013, S. 227; zitiert nach dem Wikipediaeintrag zu John Wyclif.

13 Zitiert nach Flasch, Kurt: Augustin. Stuttgart: Reclam Verlag, 1980, S. 198.

14 WA 56, S. 361, 18–21.

15 Luther, Martin: Vom unfreien Willen, in: Die Werke Martin Luthers in neuer Auswahl für die Gegenwart, Bd. 3, hrsg. v. Kurt Aland, Göttingen 1983, S. 151–334, hier S. 196.

16 Vgl. Brecht: Martin Luther, Bd. 1, S. 176 f.

17 Vgl. Schilling: Martin Luther, S. 161 f.

18 MacCulloch: Die Reformation, S. 163.

19 Vgl. ebd., S. 164.

20 WA TR 1, 352, S. 146.

21 Vgl. ebd., S. 215 ff.

22 Vgl. ebd.

23 Gemeinsame Erklärung zur Rechtfertigungslehre des Lutherischen Weltbundes und der Katholischen Kirche.

24 Vgl. WA TR 4, 4638, S. 412 f.

25 Pesch, Otto Hermann: Katholische Dogmatik. Aus ökumenischer Erfahrung. Band 1/2: Die Geschichte der Menschen mit Gott. Ostfildern: Grünewald Verlag, 2008, S. 37 f.

26 Ebd.

27 Vgl. Max Webers Aufsatz »Die protestantische Ethik und der Geist des Kapitalismus«, zuerst veröffentlicht in zwei Teilen im »Archiv für Sozialwissenschaft und Sozialpolitik«, Band XX (1904) und Band XXI (1905).

28 WA 56, 361, S. 18–21.

Zu Kapitel III:

1 Vgl. Geißler: Ou topos, a. a. O., S. 50 f.

2 Vgl. Brecht: Martin Luther. Bd. 2, a. a. O., S. 206 f.

3 Vgl. ebd., S. 203 f. und Brecht: Martin Luther. Bd. 3, a. a. O., S. 185 ff.

4 Küng, Hans: Was ich glaube. München: Piper, 2009, S. 234.

5 Vgl. ebd., S. 237.

6 WA TR 2, 1883, S. 232.

7 Dawkins, Richard: Der Gotteswahn. Berlin: Ullstein Verlag, 2007, S. 329 ff.

8 Zitiert nach ebd., S. 330 f.

9 WA TR 6, 6539, S. 26.

10 WA TR 4, 4134, S. 157.

11 Brecht: Martin Luther, Bd. 2, S. 67.

12 Vgl. Saltin, Günter: Gesang im Feuerofen: Die ökumenische Bibellektüre von Helmuth James Graf von Moltke, Alfred Delp, Eugen Gerstenmaier und Joseph Ernst von Glött in der Haftanstalt Berlin-Tegel. Würzburg: Echter Verlag, 2014.

13 Küng: Was ich glaube, S. 246.

14 Ebd.

15 WA TR 6, 6539, S. 26 ff.

16 WA TR 1, 1179, S. 584 f.

Zu Kapitel IV:

1 Nietzsche, Friedrich: Zur Genealogie der Moral, 1887, Kapitel 3,7.

2 Vgl. für das Folgende Geißler, Heiner: Das nicht gehaltene Versprechen. Politik im Namen Gottes. München: Droemer Knaur, 1999, S. 11 f.

Zu Kapitel V:

1 Vgl. MacCulloch: Die Reformation, a. a. O., S. 214 f.

2 Vgl. Beutel, Albrecht: Luther Handbuch. Tübingen: Mohr Siebeck, 2010, S. 278.

3 WA 54, S. 218.

4 Vgl. Beutel: Luther Handbuch, S. 278.

5 Vgl. Brecht: Martin Luther, Bd. 2, a.a.O., S. 58, dort finden sich auch die Zitate.

6 Zitiert nach Aland, Kurt (Hg.): Luther Deutsch. Die Werke Martin Luthers in neuer Auswahl für die Gegenwart. Band 5: Luther Deutsch. Die Schriftauslegung. Göttingen: Vandenhoeck & Ruprecht, 1990, S. 83.

7 Tuchmann, Barbara: Die Torheit der Regierenden. Von Troja bis Vietnam. Frankfurt am Main: Fischer, 1984, S. 106.

8 Für die nachfolgende Schilderung des Treibens der Renaissancepäpste stütze ich mich auf Martin Schlus Zusammenfassung über »Die Päpste der Renaissance« im Internet.

9 Cornwell, John: Wie ein Dieb in der Nacht. Der Tod von Papst Johannes Paul I. München: Piper Verlag, 1998, S. 313.

10 Zur Romreise siehe Schilling: Martin Luther, a.a.O., S. 100ff. sowie Brecht: Martin Luther, Bd. 1, a.a.O., S. 105ff.

11 Brecht: Martin Luther, Bd. 1, S. 107.

12 Vgl. Schilling: Martin Luther, S. 162ff.

13 Zitate siehe ebd., S. 163f.

14 Treu, Martin: Martin Luther in Wittenberg. Ein biographischer Rundgang. Wittenberg: Stiftung Luthergedenkstätten in Sachsen-Anhalt, 2003, S. 49ff.

15 Luther, Martin: An den christlichen Adel deutscher Nation von des christlichen Standes Besserung, 1520, S. 47f.

16 Luther: An den christlichen Adel, S. 38.

17 Vgl. Brecht: Martin Luther, Bd. 1, S. 352 ff., siehe auch Brecht: Martin Luther, Bd. 2, S. 114 und 253.

18 Schilling: Martin Luther, S. 158.

19 Wolf, Hubert: Krypta. Unterdrückte Traditionen der Kirchengeschichte. München: C.H. Beck, 2015, S. 10.

20 Zitiert nach Vallely, Paul: Papst Franziskus. Vom Reaktionär zum Revolutionär. Darmstadt: Konrad Theiss Verlag, 2014, S. 198.

21 Zitiert nach ebd., S. 196.

22 Siehe für die Schilderung von Franziskus' Amtseinführung FAZ, Süddeutsche Zeitung u. a. vom 13., 14. und 15. März 2013, Vallely: Papst Franziskus, S. 177 ff., Englisch, Andreas: Franziskus – Zeichen der Hoffnung. Vom Erbe Benedikts zur Revolution im Vatikan. München: C. Bertelsmann Verlag, 2013, S. 206 ff.

23 Vgl. Vallely: Papst Franziskus, S. 175 f.

24 Luther: An den christlichen Adel, S. 17 f.

25 Vgl. Vallely: Papst Franziskus, S. 176.

26 Luther: An den christlichen Adel, S. 40.

27 Ebd., S. 18.

28 Zitert nach Vallely: Papst Franziskus, S. 179 f.

29 Luther: An den christlichen Adel, S. 23.

30 Zitiert nach Vallely: Papst Franziskus, S. 181 und 184 f.

31 Vgl. ebd., S. 186.

32 Luther: An den christlichen Adel, S. 20.

33 Vgl. Vallely: Papst Franziskus, S. 187 f.

34 Vgl. ebd., S. 192 f.

35 Zitiert nach Nardi, Giuseppe: »Frontalangriff der Piusbruderschaft gegen Papst Franziskus« katholisches.info, 15. 10. 2013.

36 Walch, Johann Georg (Hg.): Dr. Martin Luthers sämtliche Schriften, Bd. 1–23. St. Louis, Missouri, 1880–1910, Bd. 15, S. 1422 f., Nr. 391.

37 Boehmer, Heinrich: Der junge Luther. Leipzig: Flamberg Verlag, 1925, S. 366 f.

38 Brief von Albert Bürer an Beatus Rhenanus vom 27. März 1522, zitiert nach: Brändly, Willy: Albert Bürer über Luther. In: *Zwingliana* 9 (1953). S. 179.

39 Brieger, Theodor: Aleander und Luther 1521. Band eins von Quellen und Forschungen zur Geschichte der Reformation. Gotha: Friedrich Andreas Perthes, 1884, S. 170.

40 Kalkoff, Paul: Briefe, Depeschen und Berichte über Luther vom Wormser Reichstag 1521, SVRG 59, 1898, S. 50.

41 Vgl. MacCulloch: Die Reformation, S. 214.

42 Brecht: Martin Luther, Bd. 2, a. a. O., S. 64.

Zu Kapitel VI:

1 Vgl. Rolf Hochhuths Vorbemerkung zum 1. Akt seiner Komödie »9 Nonnen fliehen« (Reinbek bei Hamburg: Rowohlt Taschenbuch Verlag, 2014, S. 15).

2 Vgl. Brecht: Martin Luther, Bd. 2, a. a. O., S. 104.

3 Vgl. ebd.

4 WA 10, I, 1; S. 707,19–708,2.

5 Luther: An den christlichen Adel, a. a. O., S. 48.

6 Vgl. für die folgende Darstellung Geißler: Ou Topos, a. a. O., S. 127 ff.

7 Vgl. Schilling: Martin Luther, a. a. O., S. 320.

8 Mitunter wird ihr Name auch mit Eva von Schönfeld oder, wie bei Schilling, mit Eva Schönfeld angegeben.

9 Vgl. Schilling: Martin Luther, S. 327.

10 Zitiert nach ebd.

11 Vgl. Brecht: Martin Luther, Bd. 2, S. 274 f.

12 Ebd., S. 275.

13 Ludophy, Ingetraut: Die Frau in der Sicht Martin Luthers. In: Vierhundertfünfzig Jahre lutherische Reformation: 1517–1967. Festschrift für Franz Lau zum 60. Geburtstag. Göttingen: Vandenhoeck & Ruprecht, 1967, S. 213 f.

14 Enzyklika »Pacem in Terris«, I. 24.

15 Ebd., I. 22.

16 Vgl. Brecht: Martin Luther, Bd. 3, a. a. O., S. 140.

17 Vgl. u. a. Lueders, Martin: Wo Tugend zum Terror wird. Eine Reise durch ein vom Bürgerkrieg zerstörtes Land. In: *Die Zeit*, Nr. 50, 6. 12. 1996.

18 Luther, Martin: Tischreden. Herausgegeben von Karl Eduard Foerstemann und Heinrich Ernst Bindseil. 4 Bde. Berlin: Gebauer'sche Buchhandlung 1844–48, hier Band 4, S. 48.

19 Vgl. Brecht: Martin Luther, Bd. 2, S. 273 f.

20 Vgl. Ruckstuhl, Eugen: Jesus, Freund und Anwalt der Frauen. Stuttgart: Katholisches Bibelwerk, 1996, S. 62.

21 Vgl. Knaack, Benjamin: Jede dritte Frau in Europa ist Opfer von Gewalt. Auf: spiegel.de, 4.3.2014.

22 Vgl. ebd. und WHO-Studie: Jede dritte Frau wird Opfer körperlicher Gewalt. Auf: spiegel.de, 20.6.2013.

23 Vgl. auch Geißler, Heiner: Anmerkungen zur Rassismus-Debatte – Essay. In: *Aus Politik und Zeitgeschichte*, Jg. 64, 13–14/2014, S. 3–7.

24 Vgl. Küng, Hans: Die Hoffnung bewahren. Schriften zur Reform der Kirche. München: Piper, 1994, S. 126.

25 Ebd.

26 Vgl. ebd., S. 127. Vgl. auch Teufel, Erwin: Ehe alles zu spät ist. Kirchliche Verzagtheit und christliche Sprengkraft. Freiburg im Breisgau: Herder, 2014, S. 30–33.

27 Vgl. Teufel: Ehe alles zu spät ist, S. 17 ff. und weiterführend Eicken, Joachim/Schmitz-Veltin, Ansgar: Die Entwicklung der Kirchenmitglieder in Deutschland. Statistische Anmerkungen zu Umfang und Ursachen des Mitgliederrückgangs in den beiden christlichen Volkskirchen. In: *Statistisches Bundesamt – Wirtschaft und Statistik*, 6/2010, S. 576–589.

28 Vgl. Küng: Die Hoffnung bewahren, S. 128, und Teufel: Ehe alles zu spät ist, S. 88 f.

29 Vgl. Küng: Die Hoffnung bewahren, S. 128.

30 Die soziale Situation in Deutschland – Studierende. Auf: bpb.de (Webseite der Bundeszentrale für politische Bildung), 25. 1. 2014.

31 Vgl. Managerinnen-Barometer 2015: Spitzengremien großer Unternehmen in Deutschland bleiben Männerdomänen. Auf: bildungsspiegel.de, 23. 1. 2015.

32 Pimminger, Irene: Armut und Armutsrisiken von Frauen und Männern. Berlin: Agentur für Gleichstellung im ESF, 2012, S. 18 ff.

33 Laut einer Untersuchung der Organisation für wirtschaftliche Zusammenarbeit und Entwicklung (OECD) von 2014, zitiert in Haas, Sibylle: Deutschland weist Europas größte Gehaltslücke auf. Auf: Süddeutsche.de, 6. März 2014.

34 Vgl. Moore, Michael: Stupid White Men. Eine Abrechnung mit dem Amerika unter George W. Bush. München: Piper Verlag, 2002, S. 180.

35 Vgl. hierzu Brecht: Martin Luther, Bd. 3, S. 205 ff.

36 Zitiert nach ebd., S. 210.

37 Der Brief von Klaus Mertes an die Schüler des Canisius-Kollegs, mit dem er das Schweigen gebrochen hat, ist u. a. hier nachzulesen: http://www.welt.de/vermischtes/article6014879/So-entschuldigt-sich-der-Rektor-fuer-den-Missbrauch.html.

38 Zitiert nach Wippermann, Wolfgang: Rassenwahn und Teufelsglaube. Berlin: Frank & Timme, 2005, S. 32.

39 Vgl. ebd., S. 31 ff.

40 Der große Katechismus Deutsch nach der Fassung des deutschen Konkordienbuches (Dresden 1580), Das erste Gebot.

41 Vgl. Brecht: Martin Luther, Bd. 2, S. 283 f.

42 Vgl. Wippermann: Rassenwahn, S. 36 ff.

43 Ebd., S. 33.

Zu Kapitel VII:

1 Vgl. für diesen Abschnitt MacCulloch: Die Reformation, a. a. O., S. 239 ff.

2 Vgl. ebd., S. 244 f.

3 Vgl. Brecht: Martin Luther, Bd. 2, a. a. O., S. 154.

4 Vgl. Luther: Ermahnung zum Frieden auf die zwölf Artikel der Bauernschaft in Schaben. Wittenberg, 1525. WA 18, S. 291 ff.

5 Vgl. Sternal, Bernd: Die Grafschaft Mansfeld im Bauernkrieg. Auf: ausflugsziele-harz.de, 2013.

6 Luther, Martin: Wider die räuberischen und mörderischen Rotten der Bauern, 1525. WA 18, S. 357–361, hier S. 358.

7 Ebd., S. 360.

8 Vgl. Brecht: Martin Luther, Bd. 2, S. 178 f.

9 Vgl. Schilling: Martin Luther, a. a. O., S. 314 f., und Brecht: Martin Luther, Bd. 2, S. 183 ff.

10 Schilling: Martin Luther, S. 304 f.

11 Vgl. Brecht: Martin Luther, Bd. 2, S. 327 f. und Bd. 3, a. a. O., S. 46 ff.

12 Vgl. Brecht: Martin Luther, Bd. 2, S. 328.

13 WA 6, S. 223.

14 WA 50, S. 9–15.

15 Vgl. Brecht: Martin Luther, Bd. 3, S. 48.

Zu Kapitel VIII:

1 WA TR 1, 446, S. 196.

2 Glasenapp, Helmuth von: Die fünf großen Religionen. Band 2. Düsseldorf: E. Diederich, 1951, S. 510.

3 Im Einzelnen siehe Geißler: Was würde Jesus heute sagen?, a. a. O., S. 143 ff.

4 Vgl. Luther, Martin: Dass Jesus Christus ein geborener Jude sei. Wittenberg, 1523.

5 Lapide, Pinchas: Wer war schuld an Jesu Tod? Gütersloh: Gütersloher Verlagshaus, 2000.

6 Beutel: Luther Handbuch, a. a. O., S. 114.

7 »Pastor Aeternus«, zitiert nach http://www.kathpedia.com/index.php?title=Pastor_aeternus_(Wortlaut) (abgerufen am 9. 3. 2015).

8 Vgl. Beutel: Luther Handbuch, S. 282.

9 WA 6, S. 322,8.

10 WA 6, S. 604, 34–38, deutsche Fassung nach Thudichum, Friedrich: Die deutsche Reformation 1517–1537, Bd. 1, Leipzig: Sängewald, 1907, S. 112. Vgl. auch Beutel: Luther Handbuch, S. 282.

11 Vgl. Beutel: Luther Handbuch, S. 113.

12 Vgl. Luther: Von den Konziliis und Kirchen. Wittenberg 1539 (WA 50, S. 509–653).

13 Bizer, Ernst: Fides ex Auditu. Eine Untersuchung

über die Entdeckung der Gerechtigkeit Gottes durch Martin Luther. Neukirchen: Buchhandlung des Erziehungsvereins, 1958, S. 46.

14 WA 54, 263, S. 14 ff.

Zu Kapitel IX:

1 Vgl. Rat der Evangelischen Kirche in Deutschland (EKD): Rechtfertigung und Freiheit. 500 Jahre Reformation 2017. Gütersloh: Gütersloher Verlagshaus, 2014, S. 21.

2 Vgl. Finanzmärkte: Ex-Deutsche-Bank-Chef fordert schärfere Regulierung. Auf: spiegel.de, 22. 12. 2011, vgl. auch Geißler, Heiner: Sapere aude! Warum wir eine neue Aufklärung brauchen. Berlin: Ullstein Verlag, 2012, S. 11.

3 Leschs Kosmos: Sekundenrausch an den Börsen. Von Brieftauben zum Rechenzentrum. Auf: zdf.de, 24. 4. 2012.

4 Papst Franziskus: »Evangelii Gaudium«, 24. 11. 2013, vgl. u. a. Kerner, Regina: »Diese Wirtschaft tötet«. Auf: fr-online.de, 27. 11. 2013.

5 Vgl. für das Folgende Geißler: Sapere aude!, S. 12 f.

6 Vgl. ebd., S. 39.

7 Vgl. Feige, Gerhard: Versachlichung – Versöhnung – Verständigung. Eine Zwischenbilanz auf dem Weg zum Reformationsgedenken 2017. Auf: dbk.de, 26. 6. 2014.

8 Küng, Hans: Unfehlbar? Eine Anfrage. Frankfurt am Main/Berlin/Wien: Ullstein Verlag, 1980, S. 125.

Siehe hierzu auch Granderath, Theod: Geschichte des Vatikanischen Konzils von Seiner Ersten Ankündigung Bis zu Seiner Vertagung. 1903. Reprint. London: Forgotten Books, 2013, S. 339 ff.

9 Paul VI.: Eröffnungsansprache zur Zweiten Session des Zweiten Vatikanischen Konzils. In: Materialdienst des Konfessionskundlichen Instituts, H 6, Jg. 14, 1963, S. 109 ff., hier S. 111.

10 Lutherischer Weltbund: LWB-Vollversammlung bittet MennonitInnen um Vergebung. 22. 7. 2010.

11 Vgl. Lutherisch/Römisch-katholische Kommission für die Einheit: Vom Konflikt zur Gemeinschaft. Gemeinsames lutherisch-katholisches Reformationsgedenken im Jahr 2017. Leipzig: Evangelische Verlagsanstalt, 2013, S. 89.

12 Vgl. EKD: Rechtfertigung und Freiheit, S. 21; 99.

13 Metzger, Hartmut: 2015 wird ein Jahr der Ökumene. In: *Der evangelische Kirchenbote*, 19. 12. 2014.

14 Dekret »Unitatis redintegratio« über den Ökumenismus.

15 Pastorale Konstitution: »Gaudium et Spes« über die Kirche in der Welt von heute, Nr. 92.

16 WA 50, S. 624, 29 ff.

17 Vgl. Beutel: Luther Handbuch, a. a. O., S. 275.

18 WA 51, S. 498, 23 ff.

19 Vgl. Franziskus: Ansprache von Papst Franziskus zum Abschluss der Dritten Außerordentlichen Vollversammlung der Bischofssynode. Deutsch auf: dbk.de, 18. 10. 2014.

20 Nardi, Giuseppe: Papst »irritiert«, Kasper verärgert über Widerstand gegen »neue Barmherzigkeit«. Auf: katholisches.info, 19. 9. 2014.

21 Vgl. Nardi, Giuseppe: Papst Franziskus: »Wind von Pfingsten« möge über Bischofssynode wehen, damit sie den »Schrei des Volkes« hört. Auf: katholisches. info, 5. 10. 2014.

22 Vgl. Schilling: Martin Luther, a. a. O., S. 507 f.

23 Unitatis redintegratio, Nr. 3.

24 Kügler, Joachim: Hungrig bleiben!? Warum das Mahlsakrament trennt und wie man die Trennung überwinden könnte. Würzburg: Echter Verlag, 2010, S. 61.

25 Luther, Martin: Confessio Augustana/Das Augsburger Bekenntnis. 1530.

26 Unitatis redintegratio, Nr. 11.

27 Gaudium et Spes, Nr. 92. Vgl. oben Kapitel IX, Anm. 15.

28 Spadaro, Antonio: Interview mit Papst Franziskus. In: *Civiltà Cattolica*, 19. 9. 2013; deutsche Fassung zitiert nach *Stimmen der Zeit*.

29 Predigt von Papst Franziskus in der Pfarrei Sant' Anna im Vatikan zum 5. Fastensonntag, 17. 3. 2013.

30 Angelusgebet von Papst Franziskus auf dem Petersplatz, 17. 3. 2013.

Zum Epilog:

1 Papst Franziskus in seiner Predigt über das Gute am 22. 5. 2013, vgl. z. B. Platzek, Arik: Papst Franzis-

kus: Jesus findet auch Atheisten gut. Auf: diesseits.
de, 23. 5. 2013.

2 Küng, Hans: Was bleibt: Kerngedanken. München:
Piper, 2013, S. 143.

3 Brecht: Martin Luther, Bd. 3, a. a. O., S. 327.